그들을 생각하면
눈물이 난다

항일 답사 프로젝트

그들을 생각하면
눈물이 난다

초판 1쇄 발행 2017년 9월 10일
　　9쇄 발행 2021년 5월 20일

지은이 김태빈
발행인 이선애

편집 박지선
크로스 교정 김동욱
디자인 디자인 잔
지도 일러스트 윤동교
발행처 도서출판 레드우드
출판신고 2014년 07월 10일(제25100-2019-000033호)
주소 서울시 구로구 항동로 72, 하버라인 402동 901호
전화 070-8804-1030 **팩스** 0504-493-4078
이메일 redwoods88@naver.com
블로그 blog.naver.com/redwoods88

값은 뒤표지에 있습니다.
ISBN 979-11-87705-06-2 03910

ⓒ 김태빈, 2017

그들을
생각하면
눈물이
난다

항일 답사 프로젝트

● 김태빈 지음

瑞金二路
Ruijin Rd. (No.2)

우리나라 역사 중 가장 소중한 부분은 독립운동사

『그들을 생각하면 눈물이 난다: 항일 답사 프로젝트』는 우리나라의 독립운동에 열정과 집념을 가지고 발로 뛰면서 엮어 낸 역작이다. 그동안 독립운동의 주된 무대였던 중국을 답사하는 여행객은 많았지만 체계적인 답사 가이드북이 없어 아쉬웠던 차에 항일 답사 지침서가 발행된다니 참으로 다행이다. 저자 김태빈 선생의 노고에 고마움을 표한다.

이 책을 쓴 김태빈 선생은 중국 북경한국국제학교에서 3년 동안 파견 근무를 하면서, 여가를 이용하여 광활한 중국 지역의 독립운동 유적지를 모두 답사하고 관련된 내용을 심도 있게 연구한 끝에 심혈을 기울여 이 책을 저술했다. 비단 중국 내 지역뿐 아니라 국내에 있는 관련 유적도 답사하고 자료를 정리하여, 국내외의 유적지를 모두 답사할 수 있는 로드맵을 제공했다.

그동안 우리 독립운동사를 보는 지도층의 시각은 곱지 않은 일면이 있었다. 이명박 전 정권 출범 후 소위 '건국 50주년'이라는 사태가 벌어지면서 학계에서는 식민사관에 대한 본격적인 논쟁이 시작되었다.

일제는 한국의 침략과 식민 지배를 합리화하기 위하여 우리 역사를 왜곡하고 주체성을 부정하며, 타율성 이론과 정체성 논리를 조작하여 침략 정책을 미화시켰다. 근래에 들어 뉴라이트계열 보수주의자들이 일제 식민통치가 낙후된 우리나라를 발전시켰다는 소위 '식민지 근대화론'을 주장하다가 '건국론'에까지 이른 것이다.

우리 역사를 보면 반도라는 지정학적인 위치 때문에 대륙 세력과 해양 세력으로부터 수많은 침략을 받아 왔지만, 역사 이래 반만년 동안 우리 강토를 유지하면서 주체적인 역사를 지키고 있다. 중국 주변의 모든 나라가 중국에 동화되어 사라졌지만 우리나라만은 찬란한 고유문화를 유지하고 있다.

20세기에 들어 서세동점西勢東漸 과정에 적응하지 못하여 일제의 침략으로 망국의 수모를 당했지만, 우리의 선열들은 한순간도 쉬지 않고 세계 도처에서 독립 투쟁을 전개했다. 독립운동가들은 투철한 역사의식과 자주독립 정신, 그리고 헌신적인 희생정신과 국가 및 민족에 대한 무한한 봉사 정신으로 독립운동을 벌여 왔다.

20세기 초 제국주의 시대에 전 세계 모든 나라의 70% 이상이 식민지 상태였고 대부분이 해방 투쟁을 펼쳤지만, 우리나라처럼 격렬하게 독립운동을 벌인 나라는 없었다. 1943년 카이로 선언에서 종전 후 독립을 보장한다고 명시한 나라는 우리나라밖에 없을 정도다.

나는 우리나라 역사 중 가장 소중한 부분이 독립운동사라고 생각한다. 우리 국민들은 선열들의 독립운동 정신을 계승하여 선진화된 나라를 건설해야 한다. 독립운동 정신을 계승하기 위해서는 선열들의 삶을 배워야 하고 독립운동 유적지를 답사하는 방법이 가장 가까운 지름길이다.

그런 취지에서 새로 발행되는『그들을 생각하면 눈물이 난다』는 매우 중요한 의미를 가진 독립운동 답사 지침서다. 더군다나 연대기적인 서술 방식을 깨고 인물과 지역을 중심으로 중국 대륙과 한국을 종횡하면서 스토리텔링 기법까지 활용하여 성인뿐 아니라 학생들까지도 쉽게 흥미를 가지고 독립운동사를 접할 수 있게 집필하였다. 독립운동에 관심을 갖게 된 독자들이 보다 쉽게 역사를 이해하고 배우는 데 이 책은 크게 도움이 될 것이다.

이종찬

(재)우당장학회 이사장, 전 국가정보원장

역사를 기억하고
성찰하는 사람에게,
과거는 또 다른 미래입니다

해방 70주년이던 2015년. 저는 망국의 참담함과 항일의 당당함이 공존하던 때로의 여행을 시작했습니다. 망각과 무심의 두텁고 부끄러운 더께를 벗기 위해서입니다. 그 길 위에서 만난 건 세월만큼 긴 이야기를 품은 공간과 사람이었습니다. 그때-그곳을 기억하고 지금-여기를 성찰하자 선열들이 꿈꾸었던 미래가 설핏 보였습니다.

역사는 지울 수 없는 증거입니다. 중국 대륙 한복판, 타이항산 자락의 시골 마을에는 팔십여 년 전 조선의용대가 남긴 한글 구호가 지금도 남아 있습니다. 비바람도 씻을 수 없는 항일의 의기로 또렷하게 쓰여 있습니다. 아무리 왜곡하고 호도하려 해도 선명하게 남는 역사의 증거입니다.

역사는 우리 모두의 기억이기도 합니다. 2015년, 광복 70주년을 기념한 '북경의 기억, 교민의 노래' 행사를 기획했을 때, 역사가 공동의 기억임을 찡한 감동으로 확인했습니다. 명쾌하나 억지로 주입된 게 아니라 어수선하나 스스로 기억하는 것이라야 진정한 역사임을 뜨겁게 공유했던 시간이었습니다.

또한 역사는 가슴 치는 성찰입니다. 우리에게 안중근 의사로만 기억되는 하얼빈은 그러나 중국인들에게는 정율성 선생을 기념하는 공간이기도 합니다. 중국 인민의 영광인 정율성 선생이 여전히 우리에게 낯선 건 분단 현실 때문입니다. 하나 된 조국과 통일을 방해했던 세력이 대부분 친일 반민족 세력이었음을 기억할 때, 우리의 독립운동은 아직 끝나지 않았습니다.

그래서 역사는 또 다른 미래입니다. 상하이도서관에서 열람한 북한의 체제 선전용 잡지 〈KOREA〉에는 안중근 의사 기사가 실려 있었습니다. 수십 년 헤어져 살아온 남북한 동포 모두가 기꺼이 자랑스럽게 공유할 수 있는 건 항일 투쟁사입니다. 평화통일은 분명 과거의 이 역사를 디딤돌 삼을 것입니다.

대륙의 바람에 휩쓸려 북으로 뤼순, 다롄, 명동, 용정을 거쳐 하얼빈에 이르렀고 남으로는 난징, 상하이, 자싱을 두루 살폈습니다. 거점인 베이징에 오래 머물며 충칭, 타이항산, 옌안으로 떠날 날을 손꼽다 홀쩍 떠나기도 했습니다. 가는 곳마다 메아리치는 항일의 노래에 참담해 울고, 안타까워 울고, 억울해 울었습니다. 그중 부끄러움의 눈물이 가장 많았음을 고백합니다.

역사 공부는 확정된 사실史實을 수용하는 것이 아니라 사실事實을 직접 확인하는 과정입니다. 그래서 책으로 하는 공부와 발로 뛰는 답사가 병행되어야 합니다. 그 과정에서 우리는 사람을 만납니다. 그것은 역사적 인물의 강철 같은 신념에 대한 추종이 아니라 몽상에 가까운 이상을 함께 고민하는 동행입니다.

문학 교사의 역사 답사를 격려해 준 많은 분들께 감사드립니다. 답사에 늘 벗이 있었음은 더할 수 없는 행운이었습니다. 특히 설익은 글에 과분한 추천사를 써주신 우당 이회영 선생의 손자 이종찬 이사장님, 이육사 선생의 딸 이옥비 여사님, 그리고 김학철 선생의 아들 김해양 선생님께 진심으로 감사의 말씀을 드립니다. 연암으로 만나 항일로 인연이 이어진 '레드우드' 이선애 대표에게도 고마움을 전합니다. 그리고 어떤 항일 투사보다 제 삶과 글쓰기에 준엄한 기준인 아내 진숙과 아들 인우에게 사랑하는 마음을 보냅니다.

2017년 8월 15일

김태빈

차 례

1부 중국 남부
항일 투쟁의 '새 하늘 새 땅'을 찾아서

2부 중국 중부

조선 민족 영령을 찾아서

3부 중국 북부
의거와 순국의 현장을 찾아서

사용 설명서

384

일 러 두 기

① 중국 고대의 지명·인명은 한자 독음대로 적으며, 근현대의 지명·인명은 중국어 발음대로 적는 것을 원칙으로 한다. 그 외 기관명, 도로명 등은 한자 독음대로 적는다. 예하면 형가荆轲, 상하이上海, 정앙먼正阳门, 마당로 马当路 등.

② 다만, 독자의 이해를 돕기 위해 한국인에게 익숙한 몇몇 중국 지명은 독음대로 적는다. 예하면 용정, 연변 등.

백범·매헌
시계 교환 장소

최후의
만찬 장소

일본영사관
경찰서

구강로

九江路
Jiujiang Rd

공부국
총순포방

延安东路
Yan'an Rd (E)

연안동로

중국 남부

항일 투쟁의
'새 하늘 새 땅'을
찾아서

1

와이탄外灘의 야경과
황푸탄黃浦灘 의거

와이탄과 김익상

술상이나 잘 차려 놓고 기다리게

나라를 잃었던 일제 강점기, 우리 민족의 기개를 일깨우고 조국 해방의 희망을 주었던, 그래서 가장 큰 희생을 치러야만 했던 의열 단. 우리가 의열단의 단원이라고 가정해 보자. 일제의 식민 통치 기구를 파괴하라는 명령을 받았을 때, 어디를 표적으로 삼을까? 아마도 조선총독부 청사에 폭탄을 던지겠다는 대답이 많을 것이다. 김익상 의사처럼.

그러면 당시 조선총독부는 어디에 있었을까? 우리가 흔히 아는 것처럼 경복궁 광화문과 근정전 사이에 있었을까? 해방 50주년이 되던 1995년, 정부는 식민 통치의 상징과도 같았던 경복궁 내 조선총독부 청사를 철거하기로 결정하고 8월 15일에 실천에 옮긴다. 그

+ 경복궁 조선총독부

래서인지 사람들은 조선총독부라고 하면, 해방 후 중앙청과 국립중앙박물관으로도 쓰였던 광화문 뒤쪽의 석조 건물을 떠올린다.

그러나 이곳은 최초의 조선총독부 청사도, 김익상 의사가 폭탄을 던진 곳도 아니다. 1921년 당시 의거 현장을 증언하는 김익상 의사의 의거 터 표지석은 예상과는 달리 남산 중턱에 있기 때문이다. 명동역 1번 출구에서 나와 남산을 오르는 도중 보이는 서울애니메이션센터 입구에서 표지석을 만날 수 있다.

1905년 을사늑약으로 대한제국의 외교권을 강탈한 일제는 광화문 앞 육조거리에 최초의 통감부를 설치한다. 초대 통감에는 훗날 안중근 의사가 처단하는 이토 히로부미가 임명되고, 이후 조선통감부 청사가 남산의 북쪽 비탈에 세워진다. 그러다 1910년 경술

한국통감부·조선총독부 터
(韓國統監府·朝鮮總督府 址)

김익상의사의거터
金益相義士義擧址

1921년 9월 12일

의열단의 김익상이 조선
총독에게 폭탄을 던졌던
곳.

국치 직후 조선통감부 청사는 조선총독부 청사로 바뀐다. 왜성대(倭城臺) 총독부라 불리는 바로 이곳에 김익상 의사가 투탄한 것이다.

그런데 일제는 왜 남산 자락에 식민 통치 기구를 세웠을까? 조선 시대에 이곳은 관군이 군사훈련을 하던 곳으로 '무예장', 줄여서 '예장(藝場)'이라 불렸다. 현재 이곳의 행정 지명인 '예장동'이 바로 여기에서 유래했다.

✦ 왜성대 조선총독부

그들을 생각하면 눈물이 난다

그러다 1885년 이후 일본인이 한양 도성 내에 거주할 수 있게 되자 이곳은 일본인 집단 거주지가 된다. 임진왜란 당시 이곳이 마스다 나가모리增田長盛를 비롯한 왜병의 주둔지였기 때문이었을까?

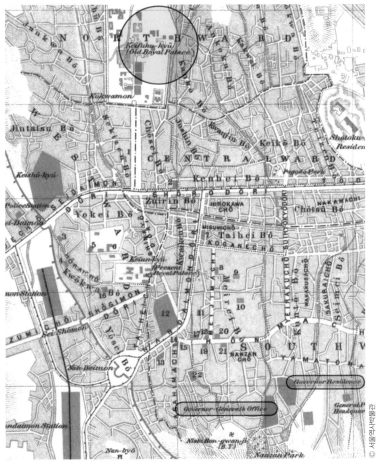

✚ 경성도

침략의 역사가 참으로 길고 질기다.

1913년 일본제국철도국이 서양인을 위해 영문으로 제작한 안내서에 수록된 지도 'KEIJŌ(SEOUL)'를 보면 경복궁은 아직 'Old Royal Palace'로 표시되어 있다. 그리고 남산 자락에 'Governor-Generals Office' 즉 총독부와 'Governor Residence' 총독 관저가 표시돼 있는 걸 확인할 수 있다.

일제가 조선을 집어삼킨 후 식민 통치 기구의 확대로 청사가 비좁아지자 조선총독부는 증축을 계획하는데, 그 부지가 조선의 정궁正宮인 경복궁 안이었다. 광화문과 근정문勤政門 사이의 홍례문興禮門을 파괴하고 부지를 마련한 것이다. 1916년에 건설을 시작해 1926년에 완성된 이곳은 당시 동양 최대 규모의 석조 건축물이었다. 조선을 영원히 식민 지배하려는 일본 제국주의 야욕을 한눈에 확인

✦ 1920년대 후반에 제작된 '경성유람안내도'로, 조선총독부가 경복궁 내에 자리 잡고 있음을 확인할 수 있다.

그들을 생각하면 눈물이 난다

할 수 있는 곳이다.

김익상 의사는 원래 중국 광둥廣東의 비행학교에 입교하려 했다. 하지만 중국 내전으로 학교가 문을 닫자 다른 방식으로 독립운동에 헌신하기 위해 베이징으로 간다. 이때 베이징의 항일 투쟁을 지도하던 심산 김창숙의 소개로 의열단 의백 약산 김원봉을 만난다. 당시 의열단은

+ 김익상

조선총독부 파괴 계획을 세우던 중이었는데 김익상 의사가 그 일에 자원했던 것이다.

1921년 9월 10일 베이징, 의열단 동지들이 의거를 위해 경성으로 향하는 김익상 의사를 배웅한다. 그가 떠나는 길은 조국은 살리고 자신은 죽는 길이었기에, 동지들은 '장사가 한 번 가니 다시 돌아오지 못한다壯士一去不復還'는 『사기』 「자객열전」의 일절을 인용해 작별 인사를 한다. 이는 진시황 암살을 위해 목숨 걸고 길을 떠나는 형가荊軻가 벗인 고점리高漸離와 헤어지면서 읊은 시구였다.

그런데 동지들의 처연한 인사말에 김익상 의사는 이렇게 대꾸하며 껄껄 웃었단다. "쓸데없는 소리 말게. 이제 일주일이면 내 넉넉히 성공하고 돌아올 것이니, 술상이나 잘 차려 놓고 기다리게." 의사는 약속을 지켰을까? 그가 의거에 성공한 후 철통같은 검문을 뚫고 압록강을 건너 펑톈奉天, 톈진天津 두 곳을 거쳐 베이징 정양먼

正陽門 밖 의열단 처소로 돌아온 날이 떠난 지 꼭 일주일 만이더라고, 『약산과 의열단』은 기록하고 있다. 출발 때의 호언장담이 허풍이 아니었던 것이다.

한편 일제는 조선 식민 통치의 심장, 총독부 투탄 범인을 잡을 수 없었다. 남산 전체를 포위하고 범인과 용모가 비슷한 이들을 모두 체포했지만 어떤 단서도 발견하지 못했던 것이다. 그

런데 다음해인 1922년 3월 28일, 상하이에서 일어난 황푸탄 의거 때 체포된 '범인'으로부터 뜻밖의 진술을 듣게 된다. 두 사건을 요약해 보도한 〈동아일보〉의 기사 제목이다. '총독부 폭탄범總督府爆彈犯은 상하이上海의 폭탄범 김익상爆彈犯金益相'.

극단의 분노 속에서 피어난 무한한 배려심

황푸탄 의거 5년 후 일본의 26대 총리가 된 다나카 기이치田中義一는 1922년 당시 육군대장 신분으로 필리핀을 거쳐 상하이에 도착한다. 조선과 아시아 침략의 원흉인 이자를 그냥 보낼 수 없었던 의열단은 그를 처단하기로 결정하고 계획을 세운다.

처음에는 한 사람이 단독으로 의거를 결행하기로 하지만 김익상, 오성륜, 이종암 세 사람 모두가 양보하지 않자 제1선에 오성륜,

제2선에 김익상, 제3선에 이종암을 배치하기로 계획을 바꾼다. 의거에 나선다는 건 곧 자신의 목숨을 바치는 일이다. 그럼에도 불구하고 항일 투사들은 기꺼이 조국 해방을 위해 자신을 희생하려 했던 것이다. 당시 급박했던 의거 장면은 김익상 의사의 제1회 공판 기록을 참고한다.

> 나는 양복에 단총 한 개와 폭탄 한 개를 감추어 가지고 오성륜은 단총 한 개를 가지고 부두로 나가서 오성륜이 먼저 단총을 쏘았으나 탄환이 전중(다나카 기이치: 필자 주)에게 맞지 아니하고 그 곁에 있던 영국 부인에게 맞았으며 나는 폭탄을 던졌으나 화약이 나빠서 폭발되지 아니하고 그 곁에 있던 순사가 그것을 주워서 물에 던졌다.

1922년 3월 28일 오후 3시, 다나카 기이치가 하선하자 제1선의 오성륜이 권총 세 발을 쏜다. 명중한 것을 확신한 오성륜은 곧이어 독립 만세를 외친다. 그런데 그가 쏜 총알은 신혼여행을 온 외국인 여성을 맞췄고, 혼비백산한 다나카 기이치는 대기하고 있던 자동차 쪽으로 도주한다.

그러자 제2선의 김익상이 오성륜에게 "잘못 쏘았다!"라고 외치며 다나카 기이치를 쫓아 권총을 발사한다. 그런데 이번에도 총알은 빗나가 다나카 기이치의 모자를 꿰뚫었을 뿐이다. 이에 김익상 의사는 폭탄을 던지지만 불발, 안타깝게도 작년 조선총독부를 파괴

23

했던 폭탄과는 사용 방법이 다르다는 걸 몰랐기 때문이다.

다나카 기이치를 태운 자동차가 전속력으로 현장을 빠져나가자 이번에는 제3선의 이종암이 차를 향해 폭탄을 던진다. 그런데 폭탄은 불발인 채로 자동차 바로 뒤에 떨어지고 옆에 있던 미군 해병이 이를 발로 차 강물에 빠뜨려 버린

✝ 이종암

다. 이로써 다나카 기이치 처단은 실패하고 만다.

약산 김원봉의 구술을 받아 이 의거를 기록한 『천변풍경』의 작가 박태원은 다음과 같은 이야기를 덧붙였다. '거사 전에, 약산은, 전중⊞中이를 맞춘 탄환이 다시 그 몸을 꿰뚫고 나가, 다른 죄 없는 사람을 상할까 저어하여, 동지들이 이날 사용할 탄환에는, 모두 칼 끝으로 십자를 아로새긴 것이다. 이리하여, 결과는, 죄 없는 외국 여자만 죽고, 정작 전중이는 안전하기에 이르렀다.'

십자十字가 새겨진 총알 하면 한 분이 더 생각난다. 안중근 의사다. 안 의사도 의거 당시 탄두 끝에 십자 모양을 새겼다고 한다. 천주교 신자였던 안 의사가 인간의 죄를 대신 진 예수의 십자가를 생각하며 새겼다는 설명이 대표적이다.

이제 여기에 하나의 의미가 덧붙여질 수 있을 것 같다. '극단의 분노 속에서 피어오른 타인을 향한 무한한 배려심'. 이것이야말로

인간이 인간다울 수 있는, '인간의 조건'의 정점이겠다. 이런 항일 투사들을 향해 '테러' 운운하는 이들을 보면 화가 치밀기에 앞서 무척 슬퍼진다. 자신의 정치적 목적 달성을 위해 불특정 다수에게 폭력을 행하는 테러를 우리 항일 투사들이 지향한 적은 적어도 내가 아는 한에선 없다.

그대들의 해방운동을 도와 드리고 싶습니다

이제 당시의 의거 현장, 김익상과 오성륜 의사의 도주 경로, 그리고 두 의사가 1차로 체포된 공부국 총순포방과 최종 인계된 일본 영사관의 위치를 차례대로 고증해 보자. 황푸탄 의거를 보도한 당

✛ 현재의 공공마두 위치

시 신문에는 의거 장소를 '상하이 부두'라고 애매하게 기록하고 있다. 다행히 『약산과 의열단』에는 조금 더 구체적인 표현이 나온다.

'1922년 3월 28일 오후 세시 반―, 전중이를 태운 윤선은, 마침내, 상하이 황푸탄 홍구 공공마두公共碼頭에, 그 육중한 몸을 갖다 대었다.' '마두碼頭'는 중국어로 '부두, 선착장'이란 뜻이니 '공공마두'는 '공공부두' 정도의 의미겠다. 황푸탄은 현재 와이탄이라 불리는 곳으로 황푸강 서쪽을 가리킨다.

그런데 '공공마두'라는 이름이 확인되는 지도를 찾을 수 없었다. 그래서 의거 직후 김익상, 오성륜 두 의사가 도주한 경로를 참고해 대략의 위치를 추정할 수밖에 없다. 김익상 의사는 나가사키에서 열린 제1차 공판 진술에서 구강로를 지나 사천로로 도주했다는 내용의 진술을 한 바 있다. 그럼 '구강로九江路'와 '사천로四川路' 인근을 의거 장소로 추측할 수 있겠다.

오른쪽 지도는 1932년 상하이 지도를 복간한 것으로, 황푸탄 의

✦ 왼쪽은 구강로 입구, 오른쪽은 구강로와 사천로가 교차되는 지점이다.

그들을 생각하면 눈물이 난다

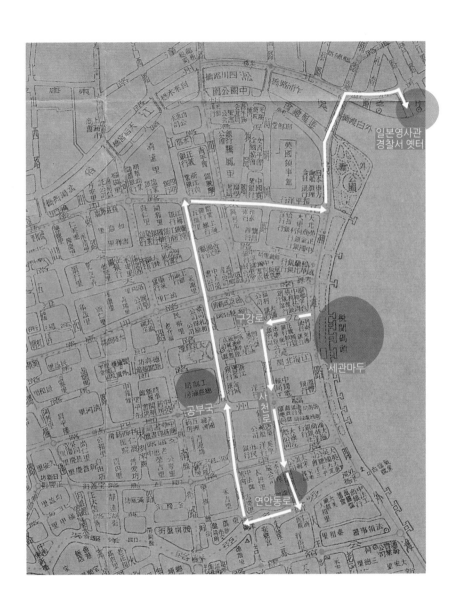

일본영사관
경찰서 옛터

세관마두

구강로

공부국

사천로

연안동로

거가 일어난 와이탄 지역을 확대한 것이다. 지도 중앙에 구강로가 보인다. 그리고 구강로와 첫 번째로 교차되는 도로가 바로 사천로다. 그런데 구강로가 시작되는 강변에 '세관마두稅關碼頭'라는 이름이 확인된다. 짚이는 게 있는가? 공공마두와 세관마두, 아마 동일한 장소의 다른 이름일 것이다. 이곳이 오성륜, 김익상, 이종암 세 의사가 다나카 기이치를 처단하려던 장소일 것으로 추정된다.

의거에 실패한 후 제3선의 이종암은 입고 있던 옷을 벗고 군중 속에 묻혀 버린다. 하지만 권총을 쏘고 폭탄을 던졌던 김익상, 오성륜 두 의사는 노출될 수밖에 없었고 급히 몸을 피해야만 했다. 미국인 기자 님 웨일즈가 조선의 혁명가 김산의 생애를 기록한 책 『아리랑』에 두 의사의 체포 장면이 상세히 기록되어 있다. 김산은 오성륜과 가장 절친한 친구였기에 그로부터 직접 당시 상황을 전해들을 수 있었을 것이다.

오성륜은 도주하는 과정에서 자동차를 탈취하는데 '에드워드 칠세로'에서 다른 차와 추돌해 체포된다. '에드워드 칠세로'는 당시 중국어로 애다아로愛多亞路인데, 지금의 연안동로延安東路다. 그럼 왜 두 사람은 이쪽으로 도주했을까? 이 도로는 공동조계와 프랑스 조계의 경계선으로 이곳을 넘으면 상대적으로 안전했기 때문이다.

조계租界는 한 나라가 외국에 일시적으로 빌려준 국토의 일부를 말한다. 하지만 실제로는 제국주의 국가들이 제3세계 국가의 영토를 강제로 점유한 경우가 대부분이었다. 우리나라가 외국과 맺은

✛ 위쪽의 공동조계와 아래쪽 프랑스 조계의 경계가 연안동로다.

최초의 근대 조약이자 불평등조약인 강화도조약에도 인천을 개항하고 그곳에 일본인의 조계를 설치한다는 조항이 있다.

황푸탄 의거 당시 상하이 조계는 프랑스 조계와 공동조계로 양분되었고 그 경계가 연안동로였다. 일본은 공동조계에 자리를 잡았고 그래서 다나카 기이치는 공동조계에 위치한 황푸탄 공공마두에서 하선했던 것이다. 반면 프랑스 정부가 조선의 독립운동에 비교적 동정적이었기에 대한민국임시정부와 조선의 독립투사들은 프랑스 조계를 근거지로 삼았다. 그래서 김익상과 오성륜 두 의사는 이곳으로 피하려 했던 것이다.

체포된 두 의사가 끌려간 곳은 공동조계의 행정을 총괄하던 공

공부국

부국이다. 그들은 지금의 경찰서 격인 총순포방總巡捕房에서 하룻밤을 지냈다. 그리고 다음 날 일본영사관 경찰서로 인도된다.

그럼 공동조계 공부국과 일본영사관 경찰서는 어딜까? 다시 앞 지도를 보자. 사천로에서 한 블록 서쪽으로 이동하면 공부국이 있다. 두 사람은 바로 이곳에 구금된 것이다. 다음 날 두 의사가 끌려간 곳은 '주호駐滬 일본영사관 경찰서'다. '호滬'는 상하이의 동북쪽을 이르는 글잔데, 27쪽 지도의 오른쪽 상단 끝, ⊙ 표시 옆에 '日(일)' 자가 보이는 바로 그곳이다.

지도의 기호 설명에 따르면 ⊙은 '관서官署'다. 이는 관청과 그에 부속된 기관을 총괄해 이르는 용어인데, 이곳에 영사'관'과 경찰'서'가 함께 있었음을 쉽게 유추할 수 있다. 현재 지도에도 이곳은 '日本領事館舊地 일본영사관구지'로 표시되어 있다. 한가지 덧붙이자면 1932년 윤봉길 의사 의거 직후 도산 안창호 선생이 체포 구금된 곳도 바로 이곳이다.

이후 오성륜은 탈옥에 성공한다. 기쁜 일이나 1941년 그는 일제에 검거된 후 변절하고 만다. 아름답고 안타까운 이야기

✚ 당시 상하이 일본영사관

가 하나 더 있다. 나가사키로 이감되기 직전, 한 영국 청년이 김익상 의사를 면회한다. 그는 오성륜이 쏜 총알에 희생된 영국 여성의 남편이었다. 그는 당시 '동방의 파리'로 불리던 상하이에 신혼여행을 왔다 뜻밖의 횡액을 당한 것이다. 그런데 신부를 잃은 그 영국 신사는 조선 혁명가 김익상의 손을 굳게 잡고 이렇게 말했다고 한다.

사랑하는 아내를 잃고 나는 불행합니다. 그러나, 결코, 그대들을 원망하고 있지는 않습니다. 나는 그대들을 존경합니다. 나는 아내의 죽음으로, 그대들을 영원히 기념하려 합니다. 앞으로 내게 기회가 있고, 또 내 힘이 자란다면, 나는 그대들의 해방운동을 도와 드리고 싶습니다.

그 후 김익상 의사는 어떻게 되었을까? 자신에게 유리한 증거가 있으면 말하라는 재판장을 비웃듯 "나의 이익이 되는 점은, 오직, 조선 독립뿐이오."라고 헌걸차게 대답한 후 사형을 확정받는다. 이후 두 번의 감형을 받아 20년 징역을 산다. 살아 고국으로 돌아왔

지만 집안은 풍비박산 나고 아내도 집을 떠난 후였다. 김익상 의사 또한 일본인 형사를 따라갔다 행방불명된다.

황푸탄 의거가 일어난 지 8개월 후인 1922년 11월에 〈동아일보〉에는 「상하이가정부上海假政府의 항의抗議」라는 제목의 짧은 기사가 실린다. '상하이가정부'는 우리가 잘 알고 있는 대한민국임시정부다. 기사는 김익상에 대한 사형 구형이 이치에 맞지 않다는 내용이다. '이번에 김익상을 사형에 처할지라도 이후에 또 무수한 김익상이 생겨날 것'이라고 힘주어 항의했던 것이다.

김익상 의사를 비롯한 숱한 항일 투사들이 자신의 모든 것을 바치며 그토록 원했던 조국의 독립을 맞은 지 72년이 지났다. 그런데

✦ 의거 당시 와이탄

우리는 과연 부인을 잃은 영국 청년이 그랬던 것처럼, 임시정부 외교총장 조용은 선생이 말했던 것처럼 '또 다른 김익상'의 역할에 충실한가? 답은 궁색하고 삶 또한 부끄럽다.

한국인들이 가장 많이 찾는 중국 도시 상하이, 그리고 상하이 여행 코스 중 결코 빠지지 않는 관광 명소 '와이탄'. 조명에 비친 로마네스크, 아르데코, 고딕, 르네상스, 바로크풍의 석조 건물 사이사이에는 이렇듯 결코 잊힐 수 없고 잊어서도 안 되는 이야기가 있다. 야경이 화려하고 아름다운 건 캄캄한 밤이 배경이기 때문이듯, 우리가 당당한 한국인으로 살아갈 수 있는 건 망국의 때 항일 투사들의 고귀한 희생이 있었기 때문은 아닐까.

현재 와이탄

한국독립가정부韓國獨立假政府 가 법계法界에 재在한다

신톈디와 임정 요인

'새 하늘 새 땅'에 선 임시정부

와이탄에서 상하이의 과거를, 푸둥浦東에서 중국의 미래를 보았던 여행객들이 상하이의 현재를 경험하기 위해 찾는 곳이 있다. 바로 신톈디新天地, 우리말로 풀이하면 '새 하늘 새 땅'이다. 외국인들은 이곳에서 상하이의 현재를 보고, 동시에 중국인들은 서양을 얼핏 경험하기도 한다. 상하이의 전통적인 석고문石庫門 양식으로 된 신톈디 건축물에는 유럽의 여느 거리 못지않은 세련된 카페와 상점이 즐비하다. 그래서 대부분의 관광객들은 이곳에서 여유롭게 차를 마시거나 쇼핑을 즐긴다.

그런데 유독 한 무리의 여행객들만이 다소 심각한 표정으로 후미진 어떤 곳을 방문한다. 신톈디 카페 거리 남쪽에 위치한 '대한민

+ 신텐디

국임시정부 유적지'다. 열혈 애국지사가 아니더라도 대부분의 한국
인들이 이곳에선 옷깃을 여미고 숙연해진다. 카페와 상점을 구경할
때와는 분명 다른 마음가짐일 것이다. 그 '애국심'에 유감이 있는
건 아니다. 다만 부정확한 추측이나 정보로 이곳에 '의무적'으로 방
문하는 건 아닌가 하는 아쉬움은 있다.

　임시정부 유적지에 대해 흔히 하는 오해 두 가지가 있다. 많은
이들은 이곳 임정 청사가 대한민국임시정부의 첫 번째 청사라고
생각한다. 심지어 임시정부가 상하이에만 있었다고 알고 있는 사람
도 적잖다. 지금 '나도 그랬는데! 아니야?' 하며 흠칫 놀란 이들이
많을 것이다. 그럼 '대한민국'이 어디에서, 어떻게 탄생했는지 차근
차근 살펴보자.

✚ 대한민국임시정부 청사

역사 시간에 배웠겠지만, 1919년 3·1운동 직후 수립된 임시정
부가 상하이에만 있었던 건 아니다. 가장 먼저 수립된 임시정부는
러시아 연해주에 세워진 '대한국민의회'이고, 다음이 상하이 임시
정부, 그리고 국내의 한성 임시정부가 차례로 수립된다.

상하이 대한민국임시정부가 현재의 임정 유적지 인근에 수립된
건 맞다. 하지만 현재 관광객들이 찾는 마당로馬當路가 아니라 그곳
에서 서쪽으로 1km 남짓 떨어진 서금2로瑞金二路, 당시 명칭으로는
김신부로金神父路에서 세워졌다. 이후 최소 열두 번의 이전을 거쳐
1926년에야 지금 복원된 마당로 청사에 정착하게 된다.

그러나 1926년부터 1932년까지 상하이에서 가장 오래, 가장 안
정적으로 마당로 청사를 지켰던 임시정부는 윤봉길 의사의 훙커

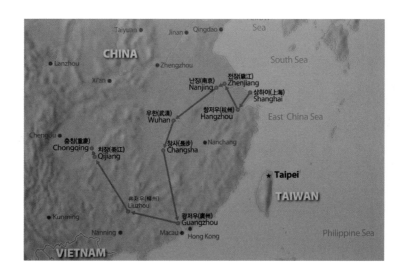

우공원虹口公園 의거 직후 상하이를 떠나야 했다. 일본 군경의 체포를 피해 백범을 비롯한 임정 요인들이 피난하면서 긴 '이동기' 혹은 '피난기'를 겪은 것이다. '친구 따라 강남 간다'고 할 때의 강남인, 항저우杭州에도 머문 적이 있다. 총 여섯 차례의 이동 – 피란을 거쳐 임시정부는 1940년 항전 시기 중화민국의 전시 수도였던 충칭重慶에 정착한다. 그리고 그곳에서 광복을 맞는다.

대한민국임시정부의 법통을 계승하고

그럼 '대한민국' 원년은 언제일까? 단순한 질문이지만 답하기 만만치 않다. 질문 하나 더. 단 한 문장으로 된 대한민국헌법 전문前

✚ 임시정부 임시의정원(좌)과 국무원(우) 회의 모두 1919년을 '大韓民國元年대한민국원년'으로 기록하고 있다.

文의 첫 부분이자 핵심내용은 무엇일까?

첫 번째 질문에 대한 명쾌한 답이 두 번째 질문의 답에 있다. 1987년 여덟 번째로 개정돼 지금에 이르는 대한민국헌법 전문은 '유구한 역사와 전통에 빛나는 우리 대한국민은 3·1운동으로 건립된 대한민국임시정부의 법통과 불의에 항거한 4·19 민주이념을 계승하고'로 시작한다.

개정된 헌법이니 최초의 헌법과는 다르지 않느냐는 의심을 할 수도 있다. 1948년 7월 12일 공포된 제헌 헌법은 '유구한 역사와 전통에 빛나는 우리들 대한국민은 기미 삼일운동으로 대한민국을 건립하여 세계에 선포한 위대한 독립 정신을 계승하여'를 첫머리로 한다. 두 헌법 전문의 공통점은 '대한국민'이 1919년 건립된 '대한

그들을 생각하면 눈물이 난다

✛ 현재의 김신부로. 표지판에 '瑞金二路서금2로'라는 도로 주소가 확인된다.

민국'을 계승한다는 점이다.

'임시'정부라지만 국가를 수립하려면 그 기틀이 될 법도 필요하고 국호도 정해야 한다. 이 역할을 위해 결성된 조직이 일종의 국회 격인 임시의정원이다. 1919년 4월 10일 상하이 프랑스 조계 김신부로의 한 이층 집에서 의정원 회의를 개최해 각 지역을 대표하는 의원 29인을 선출한다. 그리고 정체政體를 '민주공화체'로 하는 '대한민국'을 수립한다. 회의는 자정을 넘겨 11일에야 끝났고 정부 수립을 공포한 건 이틀 후인 13일이다.

그래서 현재 우리는 4월 13일을 대한민국임시정부 수립 기념일로 기념한다. 하지만 임정 요인들은 4월 11일을 임시정부 수립일로 생각했던 것 같다. 임정이 중국에서 활동했을 때는 물론이거니와 환국 후 창덕궁 인정전에서 열린 임정 수립 27, 28주년 기념식 모두 4월 11일에 거행되었기 때문이다.

그럼 우리가 방문하는 신톈디 마당로, 당시 이름으로는 백래니몽마랑로白來尼蒙馬浪路 임시정부 청사 말고 그 이전 청사 중 정확한 주소가 확인되는 곳은 없을까? 문서로 확인 가능한, 가장 이른 시기의 청사 주소는 '하비로霞飛路 460호'이다. 일제의 정보 자료에 '17일에 프랑스 조계 하비로 460호에 소위 대한임시정부라는 기관을 설치하였다.'는 내용이 있기 때문이다. 현재는 이 주소가 포함된 큰 건물만이 확인된다.

1915년 하비로로 이름이 바뀐 이 도로는, 이후 여러 번의 개칭을 통해 현재 회해중로淮海中路로 불린다. 이 길 건너편에는 이후 이전하게 되는 초기 임정 청사 주소지 두 곳이 확인된다. 하비로 309호와 321호이다. 이때 임시정부는 그 규모도 상당하고 또 공개적으로 활동했던 듯하다. 309호로 추정되는 청사는 백

✚ 하비로 309호 청사

그들을 생각하면 눈물이 난다

암 박은식의 『한국독립운동지혈사』에 사진이 수록되어 있는데 태극기가 휘날리는 2층 건물이다. 321호 청사에는 일본인 기자가 방문했다는 기사가 〈독립신문〉에 보인다.

> 한국독립가정부韓國獨立假政府가 법계法界에 재在한다는 말은 문聞하였으나, 일차도 왕견往見한 사事 무無하다. 여하한 건물로 여하한 형편인지 부지하고 위험한 곳이라는 소문만 들었다. 그러나 생각에 조선독립당을 흉도악한의 집합체는 아닐지라 하고 왕방하였다.

그 일본인 기자는 임정 청사의 규모에 꽤나 놀랐던 것 같다. 건물이 의외로 컸고 심지어 정원에는 온실 화원까지 있었기 때문이다. 청사의 문을 지키는 인도인 수위까지 있었다니 '임시'정부라고는 하지만 꽤 번듯했던 것 같다. 하지만 현재 이 주소지에는 거대한 쇼핑몰이 들어서 당시의 흔적을 말끔히 지워 버렸다.

초기 몇 개월을 빼고 상하이 시절 임정은 대체로 힘겨웠다. 1919년 10월 일본의 요구로 프랑스 정부가 임시정부 폐쇄를 명했기 때문이다. 이렇게 되자 임정을 필리핀으로 이전하자는 논의도 있었고, 심지어 청사 월세를 못 내 집주인에게 고발당하기도 했다. 당시 임정 재무총장을 맡았던 성재 이시영은 동포들에게 급전을 부탁하고 이것으로 월세를 해결하기도 했다.

새 하늘 새 땅 프로젝트!

앞서 한국인 관광객들이 임시정부에 대한 기초적인 이해 없이 복원된 청사를 방문하는 것에 안타까움을 표했다. 지금까지 간략하게나마 그것에 관한 이야기를 했으니 이제 조금 더 욕심을 내보자. 이름하여 '새 하늘 새 땅 프로젝트'! 마당로 대한민국임시정부 청

✦ 영경방

사 인근의 독립운동 유적지를 아울러 둘러보는 미션이다. 카페에서 차를 마시고 백화점에서 쇼핑하는 시간을 줄여 아래 소개한 장소를 꼭 둘러보았으면 하는 바람이다.

임정 청사에서 가장 가까운 곳은 백범 김구 선생 거주지다. 현재 주소로는 황피남로黃陂南路 350농弄이지만 현재는 도시 개발로 인해 세부 주소까지 확인되지는 않는다. 다행히 당시 주소 중 영경방永慶坊이라는 지명을 돌 편액에서 찾을 수 있다. 이곳은 백범이 1922년부터 1924년까지 가족과 함께 생활하던 곳으로, 어머니와 아내, 아들 둘과 함께 가족 모두가 모여 살던 장소다.

그러나 대단할 것도 없는 행복마저도 오래가지 못한다. 1924년 1월 백범의 부인이 세상을 떠났기 때문이다. 백범은 아내의 임종을 지키지도 못했다. 언제라도 일제 관원에게 체포될 수 있는 공동조계의 병원에서 아내가 숨을 거두었기 때문이다.

해산 직후 허약한 백범 부인 최준례 여사가 계단에서 굴러 떨어졌다는 그 후미진 집은 이제 온데간데없다. 첨단의 패션과 세련된 감각으로 과거를 지워 버린 카페와 레스토랑만이 즐비할 뿐이다. 그러나 야속한 건 세월이 아니라 이곳을 백범 거주지로 기억하지 못하는 우리의 무심함이 아닐까.

그곳에서 서쪽으로 두 블록을 가면 단재 신채호 선생이 임시의 정원 의원으로 활동하던 당시 머물던 여관 자리를 찾을 수 있다. 망국 직전 고국을 떠난 단재는 주로 베이징을 중심으로 역사가, 언론인, 항일 투사로 활동했다. 그러다 1919년 상하이에 임시정부가 수립되자 충청도 지역을 대표하는 임시의정원 의원으로 선출돼 임시정부 수립에 참여한다.

이곳에는 임시의정원 의장을 비롯해 임시정부 대통령 대리, 국무위원회 주석 등을 역임한 석오 이동녕 선생도 함께 머물렀다. 그런데 이곳 태창로太倉路 233호에는 현재 신마오다사新茂大廈라는 고층 빌딩이 들어서 당시 정경을 떠올릴 그 어떤 것도 남아 있지 않다. 다만 100여 년 전 조국을 되찾기 위해 혼신의 힘을 다한 단재와 석오, 두 분이 걸었을 그 길 어름에 그저 우리의 발자국을 겹친다는 생각으로 서운함을 떨쳐 낼 수밖에 없다.

허탈감은 단재가 주필로서 신문을 발행하던 곳을 찾아도 마찬가지다. 회해중로淮海中路 333호 또한 도로변이라 백화점이 들어서 있다. 대한민국임시정부가 상하이에 수립된 직후 발행된 신문은 〈독립신문〉과 〈신대한〉 이다. 그중 단재가 주간을 맡아 발행한 신문이 바로 〈신대한〉이다.

✦ 〈신대한〉 발행지

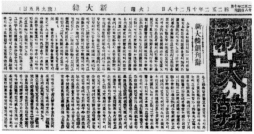
✦ 〈신대한〉 창간호

마지막 답사지는 예관 신규식 선생이 거처했던 남창로南昌路 100농 5호이다. 예관 선생은 우리에게 널리 알려지진 않았지만 임시정부가 상하이에 세워질 수 있도록 기반을 닦은 매우 중요하고 훌륭한 분이다.

선생의 호 '예관睨觀'은 1905년 을사늑약 당시 독약을 먹고 자결을 시도했던 일과 관련이 있다. 가족들이 빨리 발견해 생명을 구할 순 있었지만 오른쪽 시신경에 문제가 생겨 선생은 평생 시각 장애를 안고 살아가게 된다. 신규식 선생은 이를 비관하기는커녕 나라가 망했는데 어찌 세상을 바로 볼 수 있겠느냐며 호를 '흘겨보다'라는 뜻의 '예관(해 기울 예, 볼 관)'이라 지었던 것이다.

선생의 거주지 바로 건너편에는 선생과 매우 가깝게 지냈던 천두슈陳獨秀의 거처가 있다. 그는 중국 공산당의 창립 멤버이자 중국의

✦ 왼쪽은 예관 거주지, 오른쪽은 예관 거주지 입구

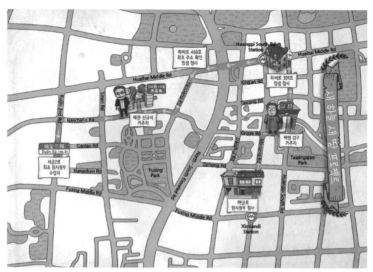

✚ 새 하늘 새 땅 프로젝트

신문화운동을 이끌었던 잡지 〈신청년新青年〉의 발행인이기도 하다. 이 후미진 골목에서 우리는 예관을 비롯한 조선의 항일투사들이 당대 최고의 중국 지식인들과 교우했음을 확인할 수 있는 것이다.

지난 2014년 5월 북경한국국제학교 테마학습 당시 담임 반 아이들과 '새 하늘 새 땅 프로젝트'를 처음 시도했다. 과거 지도와 현재 주소로 각 장소를 찾는 미션을 수행한 것이다. 어렵게 찾은 주소지 앞에서 아이들은 환하게 웃는 얼굴로 인증 사진을 찍었다. 아이들의 기쁨이 비단 과제를 완수했기 때문만은 아니라고 믿는다. 우리에게 '새로운 세상新天地'을 열어 준 선열들의 자취를 찾는 보람 또한 밝은 미소에 들어 있음을 믿어 의심치 않는다.

그 일이 제 가슴속에서 쟁쟁합니다

임정 청사 주변의 독립운동 유적지 중 자료가 충분치 않아 답사를 못 한 곳이 있다. 당시 상하이에 거주하던 동포 아이들을 가르치기 위해 설립되었던 '인성학교' 터다. 우리 어르신들은 나라를 잃고 타국에 임시정부를 세웠을 때도 아이들 교육에 소홀하지 않았다. 인성학교의 초대 교장은 몽양 여운형 선생이었고 임정 요인들이 돌아가며 교장과 교사를 했다고 한다.

가보지 못한 아쉬움을 눈물겨우나 자랑스러운 이야기 한 자락으로 달래 본다. 백범과 함께 임정 경무국에서 활동했던 최중호 선생의 딸 최윤신 여사의 회고다.

인성학교에 다니던 어린 시절 최윤신 여사는 졸업식이 다가오는데 입고 갈 새 옷이 없었단다. 그래서 어머니한테 떼를 쓰며 울고 있는데 마침 백범 선생이 이 광경을 보았다. 자초지종을 들은 백범이 이튿날 적잖은 돈을 건네며 옷을 한 벌 해 입히라고 한다. 여사의 어머니가 깜짝 놀라 "선생님, 또 어디 가서 뭘 저당 잡히셨어요?"라고 물었다. 그땐 돈 없으면 여름에 겨울 것을, 겨울엔 여름 것을 저당해야 돈이 쉽게 마련되었기 때문이다.

✤ 인성학교 졸업장

"선생님께선 웃으시면서 '글쎄, 그건 묻지 말고……. 그 어린 것
이 자기 딴엔 졸업식인데……. 어서 옷 해 입혀 졸업식에 보내세요.'
하시더라고요. 어린 맘에 그게 어찌나 기뻤던지, 제가 지금 여든이
넘었는데 아직도 그 일이 제 가슴속에서 쟁쟁합니다." 꼬맹이 학생
에서 꼬부랑 할머니가 된 최윤신 여사의 가슴 먹먹한 추억이다.

그들을 생각하면 눈물이 난다

반드시 조선을 위하여
용감한 투사가 되어라

훙커우공원과 윤봉길

지하에서 다시 만나세!

오십 후반의 중년과 이십대 중반의 청년 두 사람이 식탁 앞에 마주앉았다. 참담한 표정의 중년과 달리 청년은 태연자약하다. 먼 길 떠나는 자리인지 평소 볼 수 없던 고기반찬도 올랐다. 중년은 차마 음식을 삼키지 못하지만 청년은 달게 밥을 먹는다. 이른 아침 식사를 마친 두 사람은 집을 나선다.

상하이의 후미진 주거지를 떠난 두 사람은 집 앞길을 통해 북쪽으로 걷는다. 곧 동서로 길게 뻗은 큰 도로와 만나는 삼거리에 도착한다. 마침 오전 7시를 알리는 종소리가 들린다. 문뜩 청년이 새로 산 자기 시계를 꺼내 중년에게 내민다. 시계를 바꾸자는 것이다. 청년은 심상하게 한마디 덧붙인다.

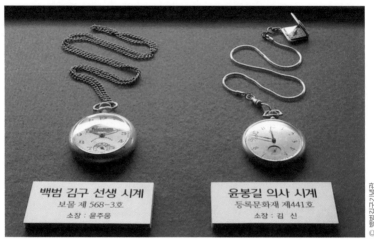

"저는 이제 1시간밖에 더 소용없습니다." 차마 할 수 없는 일인 듯 중년의 표정이 일그러진다. 하지만 이내 자신의 낡은 시계를 청년에게 건넨다. 아마 그와의 마지막을 기념하기 위해서일 것이다. 중년은 청년에게 줄 게 없다. 그래서 한 가지 당부를 전한다.

"우리의 적은 왜놈뿐이니 오늘 이 일을 실행함에 있어 신중해야 할 것이고 결코 왜놈 이외의 외국 인사에게 해를 가하지 않도록 해주시오." 그리고 세상에서 가장 단호하고 슬픈 명령을 내린다. "자! 폭탄을 두 개 주니 한 개로는 적장을 거꾸러뜨리고 또 한 개로는 그대의 목숨을 끊으라."

이상은 백범의 『도왜실기』와 『백범일지』를 바탕으로 재구성한 것이다. 백범 김구 선생과 매헌 윤봉길 의사의 마지막 며칠을 고증

하며 머릿속에 몇 번이고 반복해 그려 본 장면이다. 왜냐하면 번듯하게 단장돼 많은 이들에게 기억되는 마당로 임시정부 청사와 달리 두 분의 마지막 이별 장소는 초라한 기념비 하나 없기 때문이다.

1932년 4월 28일, 훙커우공원 의거 하루 전 백범은 김해산이라는 동포의 집에서 윤봉길 의사에게 물통형과 도시락형 두 개의 폭탄 사용법을 숙지케 한다. 그리고 의거 계획을 숨기고 집주인에게 다음 날 아침 식사 준비를 부탁한다. 죽음을 각오한 출정 전의 윤봉길 의사 모습을 『백범일지』는 이렇게 전한다. '새벽에 윤 군과 같이 김해산의 집에 가서, 마지막으로 윤 군과 식탁을 같이하여 아침밥을 먹었다. 윤 군의 기색을 살피니 태연자약한 모습이었다.'

백범과 매헌이 마지막 식사를 한 김해산의 집은 특별할 것 없는 상하이 뒷골목에 있다. 그러나 '원창리元昌里'라는 주소를 확인하는 순간 알 수 없는 강렬한 느낌에 소름이 돋았다. 두 분이 식사를 하며 이야기를 하고, 함께 걷기도 했다는 그 평범한 사실이 이 장소를 매우 비범하고 특별하게 했기 때문이다.

✦ 원창리 입구

현재의 원창리 13호는 윤봉길 의사가 마지막 식사를 하던 그때 그대로의 구조라지만 구체적으로 어느 곳이 김해산의 집이었는지 확인할 순 없다. 하지만 80여 년 전, 의거를 앞두고 태연히 식사를 했던 윤봉길 의사와 사지로 떠나는 윤 의사를 지켜보았을 백범의 참혹한 마음은 확실히 알 것 같았다.

윤봉길 의사가 붙잡고 올라가지는 않았을까 싶어 오래된 나무 난간을 쓰다듬고, 혹 여기에서 식사를 하지는 않았을까 해 열린 방문 사이로 보이는 집 안을 촬영하기도 했다. 이곳 내부를 카메라에 담는 순간만은 시간이 1932년 4월 29일로 되돌아간 듯했다. 떨어지지 않는 발걸음을 옮겨 집 밖으로 나와 백범과 매헌이 걸어갔을 길에 섰다. 멀리 두 분이 마지막 이별하던 삼거리도 보였다. 그곳에서 두 분은 어떤 말로 이생에서의 마지막 이별을 했던가.

✛ 원창리 13호 입구와 내부

백범은 "군이여! 군과 나는 지하에서 다시 만나세!"라며 눈물을 삼켰다. 앞서 윤봉길 의사는 "바라옵건대 선생님께서는 나라를 위하여 몸을 삼가시고 끝까지 분투하십시오."라고 인사를 건넨 터였다. 차에 오른 청년이 노인을 향해 머리 숙여 인사하자, '무심한 자동차는 경적을 울리며 천하 영웅 윤봉길을 싣고 훙커우공원으로 질주'했다.

조국의 독립과 자유를 회복하기 위하야

그럼 두 분은 언제 처음 만났을까? 고향에서 야학을 열고 농민을 깨우치던 윤 의사가 중국 칭다오로 망명한 것은 1930년이고,

✦ 아마도 이 앞 삼거리에서 백범과 매헌은 시계를 교환했을 것이다.

다시 상하이로 옮겨 와 당시 '한인애국단'을 이끌던 백범을 만난 건 1년 후다. 그러나 그때는 스치듯 지나가는 만남이었고, 1932년 4월 20일에야 윤 의사는 자신의 포부를 백범에게 분명히 밝힌다. 채소 바구니를 메고 다니지만 큰 뜻을 품고 상하이에 왔으니 자신에게도 '마땅히 죽을 자리'를 달라는 것이었다. 몇 달 전 있었던 이봉창 의사의 도쿄 의거를 염두에 둔 말이리다.

그래서 윤 의사는 4월 26일 임정 청사의 남서쪽 영년로永年路의 모처에서 '한인애국단'에 입단한다. 이곳은 한인애국단의 비밀 본부 격이었던 곳으로, 20여 년 전 하얼빈에서 조선 침략의 원흉 이토 히로부미를 처단한 안중근 의사의 친동생 안공근의 집이기도 했다. 몇 달 전 이곳에서 선서를 하고 의거에 나섰다 일제에 체포된 이봉창 의사에 이어 윤 의사 또한 안 의사가 열어 두었던 조국 해방을 위한 희생의 길에 기꺼이 나선 것이다.

✦ 오른쪽 상단에 '永年路 149弄영년로 149농'이라는 주소가 보이는데, 이곳 20호가 안공근의 집이었다.

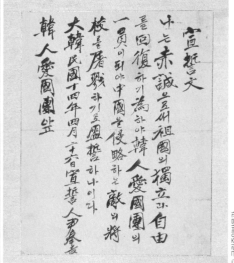

입단 후 윤 의사는 선서문을 작성한다. '조국의 독립과 자유를
회복하기 위하야 한인애국단의 일원이 되야 중국을 침략하는 적의
장교를 도륙하기로 맹세'하면서 말이다. 그리고 다음 날은 여성 독
립운동가 이화림과 부부로 가장해 홍커우공원을 답사한다. 정찰 직
후 윤 의사는 시 한 편을 쓰는데 '금년 4월 29일에 / 방포일성放砲一
聲으로 맹서하세'라며 의거 성공을 결의한다.

그날 저녁 윤 의사는 임정 청사 부근 패륵로貝勒路의 한 여관으
로 돌아오는데, 그곳에서 이생에서의 마지막 사진 촬영을 한다. 우
리도 잘 알고 있는, 가슴에 선서문을 붙이고 폭탄과 권총을 들고 태
극기를 배경으로 찍은 사진과 백범과 함께 찍은 사진이다. 처연한

55

✦ 현재의 패륵로 거리. 임정 청사와 안공근의 집 사이에 이 길이 있다.

백범과 태연한 매헌 표정의 대조가 참으로 가슴을 친다.

다음 날인 4월 28일 정오 무렵, 윤 의사는 백범의 요청으로 이력서를 작성한다. 그런데 가족 사항을 기록하는 부분에 '가족家族'이라고 쓰지 않고 '유족遺族'이라 쓴다. 그때 이미 자신은 세상을 버렸다고 생각하며 각오를 다졌던 것이다. 이때 두 자식에게 남기는 시도 쓰는데 죽음을 앞둔 아비가 어린 두 아들에게 남긴, 「강보에 싸인 두 병정에게」라는 작품은 이렇게 시작한다. '너희도 만일 피가 있고 뼈가 있다면 반드시 조선을 위하여 용감한 투사가 되어라.'

야스쿠니와 절름발이

1932년 4월 29일 오전 7시, 백범과 헤어진 윤 의사는 한 시간 후 홍커우공원에 도착한다. 그리고 입장권을 제시하라는 중국인 경비를 따돌리고 공원으로 들어가는 데 성공한다. 이날 남화한인청년연맹의 정화암과 백정기 두 의사도 의거를 준비했는데 입장권을 구하지 못해 시도조차 하지 못한다. 윤 의사는 이런 상황을 미리 예견하고 경비가 허술한 이른 아침 시간을 노린 것이다.

이날 홍커우공원에서 열린 기념식은 일왕의 생일을 축하하는 천장절과 상하이사변의 전승 축하식을 겸하고 있었다. 그래서 12,000명 정도의 상하이주둔군과 상하이에 거주하는 일본인 약 1만 명이 모였다. 기념식은 1부 열병식과 2부 축하식으로 진행되었는데, 2부 축하식이 시작되자 비가 내리기 시작했다. 참석자들이 기미가요를 합창하자 행사는 절정으로 치달았고, 윤봉길 의사는 이때

✦ 옛 이름의 虹口公園홍커우공원 조형물과 달리 현재는 '魯迅公園루쉰공원'이라고 적혀 있다.

가 일본 제국주의자들을 처단할 최적의 순간이라고 판단한다.

단상 쪽으로 3~4m를 돌진한 윤 의사는 도시락형 폭탄을 땅에 내려놓고 어깨에 멘 물통형 폭탄을 던진다. 이때가 오전 11시 50분, 거대한 폭발음과 함께 단상에 있던 일본 군국주의 앞잡이들이 차례로 쓰러지고 식장은 순식간에 아수라장이 된다.

홍커우공원 의거로 사망하거나 부상당한 이들 중, 두 사람에 대해서는 조금 더 자세하게 살필 필요가 있다. 먼저 전치 4주의 부상을 당한 상하이 파견군 사령관 시라카와 요시노리白川義則는 사건 약한 달 후 부상 후유증으로 사망한다. 그의 시신을 운구하기 위해 군함을 보낼 정도로 당시 그는 일본인에게 '영웅'이었다.

그가 윤 의사 의거 당일 입고 있던 피 묻은 옷이 일본 군국주의

그들을 생각하면 눈물이 난다

망령의 상징인 야스쿠니 신사 내 유슈칸遊就館에 지금도 전시돼 있다고 한다. 단절돼야 할 과거를 붙들고 있는 그들은 역사를 통해 도대체 무엇을 배운 것일까?

윤 의사 의거 당시 중국 주재 전권공사, 달리 말해 일제의 상하이 침략 선봉이었던 시게미쓰 마모루重光葵 역시 우리가 기억할 만한 인물이다. 그는 윤봉길 의사의 의거 당시 입은 부상으로 오른쪽 다리를 절단한다. 이후 시게미쓰 마모루는 세계사의 극적인 장면에 한 번 더 등장한다. 1945년 9월 2일, 미 군함 미주리호에서 열린 항복문서 조인식 때다. 당시 그는 일본 외무대신 자격으로 항복문서에 서명한다. 일본 제국주의의 실패와 투항은 윤 의사 의거로 그가 불구가 된 때에 이미 명확히 예견되었던 것이다.

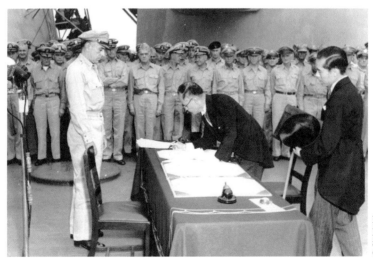

© 위키피디아

영원히 기념, 당대 영웅, 윤봉길 의사

이제 윤봉길 의사의 의거 현장을 찾아가 보자. 홍커우공원虹口公園은 지금 루쉰공원魯迅公園으로 이름이 바뀌었다. 근대 중국의 대표적 문호 루쉰의 묘가 이곳에 자리 잡았기 때문이다. 공원의 이름은 바뀌었지만 이곳이 윤봉길 의사 의거 현장임은 또렷하게 기억되고 있다. 공원의 역사를 전시한 초입의 조형물에도 윤 의사 사진과 매헌을 형상화한 조형물이 있고, 표지판에는 '윤봉길기념관'이라는 한글도 보인다.

매번 볼 수 있는 건 아니지만 운이 좋다면 구경할 수 있는 것도 있다. 중국 노인들은 공원에서 다양한 여가 활동을 하는데 그중에는 공원 바닥을 화선지 삼아 먹물 대신 맹물로 글씨를 쓰는 이들이

있다. 이곳을 네 번째 방문했을 때, 윤 의사 의거를 동행에게 설명하고 있는데 한국말을 들은 중국인 할아버지가 능숙한 솜씨로 바닥에 한글을 써주었다. '영원히 기념, 당대 영웅, 윤봉길 의사'라는 글귀가 눈물겹게 감사했다.

무료로 입장하는 공원과 달리 윤봉길 의사의 기념관 매헌梅軒이 위치한 매원梅園은 입장료를 받는다. 어떤 이들은 유독 한국인이 찾는 이곳만 유료라고 툴툴거리지만, 애초 이곳이 상하이 시민들에 의해 조성된 곳임을 알면 함부로 말할 순 없으리라.

입구를 들어서면 중국어로 '尹奉吉义举现场 윤봉길의거현장'이라 쓰인 표지석이 있다. 그런데 당시 사진과 사람들의 증언을 종합하면 이곳은 의거 현장이 아니라고 한다. 오히려 의거 직후 윤 의

사 의거로 사망한 시라카와 요시
노리의 죽음을 애도하는 탑이 이
곳에 있었단다. 그런데 일제 패망
후 상하이 시민들이 탑을 없애 버
리고, 바로 그 자리에 윤 의사를
기념하는 공간을 마련한 것이다.

　표지석을 지나 안쪽으로 들어가면 매헌梅軒이 보인다. 처음 건립
되었을 때는 매정梅亭이라는 편액을 달았는데 우리 정부의 요청으
로 2009년에 이름이 바뀌었다. 윤봉길 의사의 호가 바로 '매헌梅軒'
이기 때문이다. 윤 의사가 학업을 닦던 시기 스승으로부터 받은 이
호에는 남다른 뜻이 있다.

윤봉길 의사는 충남 예산의 덕산공립보통학교를 1년 남짓 다니다 그만둔다. 일본 사람이 되라는 학교에는 가지 않겠다는 것이 이유였다. 이후 매곡 성주록 선생이 세운 오치서숙에서 공부를 한다. 4년여를 공부하자 더 이상 가르칠 것이 없다고 생각한 스승은 계속 가르침을 달라는 제자에게 호를 지어 주는 것으로 공부를 마무리한다. 자신의 호 매곡의 '매梅'자와 성삼문의 호 매죽헌梅竹軒의 '헌軒'을 빌려 온 매헌梅軒이다. 매화로 상징되는 선비의 지절과 성삼문의 충의정신을 본받으라는 뜻이 담긴 호인 것이다.

그럼 윤 의사의 의거 장소는 어딜까? 루쉰의 묘 앞으로는 넓은 잔디 광장이 펼쳐져 있는데 이곳에 단상이 설치되었던 것으로 추정된다. 그런데 인근에서 놀라운 한 가지를 발견했다. 뭔가를 기념하여 심은 나무 뒤로 중국어와 일본어로 쓰인 표지목이 있는데 이렇게 쓰여 있다. '我们祝愿世界人类的和平(우리는 세계 인류의 평화를 축원한다)'.

일본이라고 평화를 희원할 수 없는 건 아니지만, 수많은 이들에게 고통을 주었던 그들이 평화 운운하려면 과거사에 대한 각고의 반성과 진솔한 사과가 선행되어야 한다. 식민지 조선 청년이 세계 평화를 위협하던 일본 제

63

국주의 수뇌를 처단한 이곳에 일본인이 평화를 기원하며 기념식수를 했다니, 씁쓸하기 그지없었다. 일본 군국주의 침략의 역사를 충심으로 사죄하는 일본인들이 나무를 심고 글귀를 적었길 간절히 기원할 수밖에 달리 도리가 없었다.

이제 루쉰공원을 나와 잘 알려지지 않은 한 곳을 더 답사한다. 투탄 직후 윤봉길 의사는 곧바로 체포된다. 땅에 내려놓았던 도시락형 폭탄으로 자결하려 했지만 일본 헌병에게 제압되었던 것이다. 윤 의사는 공원 바로 앞 일본군 상하이 제1헌병 분대로 끌려간다. 이곳은 공원 정문에서 남서쪽으로 난 도로 오른편에 있다.

그런데 큰길에 인접한 건물에는 어떤 표지도 없다. 빙 돌아 뒷골목으로 가면 당시 이곳이 일본군이 사용하던 건물이었음을 알려주는 안내판이 붙어 있다. '日本海軍特別陆战队司令部旧址:일본해

✦ 일본해군특별육전대사령부 사진과 현재 모습

✤ 진열관 마당에는 박영심 할머니를 형상화한 청동상과 여러 나라 '위안부' 피해자들의 사진을 모자이크처럼 붙인 전시물이 관람객들의 고개를 오래 숙이게 한다.

군특별육전대사령부구지' 골목길에 인접한 연립주택 또한 중국 전통 가옥 구조와 다르다. 확인해 보니 아닌 게 아니라 일제가 상하이를 점령할 당시 시라카와 요시노리 대장을 비롯한 고위 간부들의 관사가 바로 이곳에 있었다고 한다.

그런데 우연한 기회에 이곳을 다시 주목하게 되었다. 최근 난징 南京에는 '利濟巷慰安所舊址陳列館 이제항위안소구지진열관'이 개관했다. 이곳은 제2차 세계대전 당시 일제가 만든 '위안소' 중 규모가 가장 컸던 곳이다. 이곳에서 일제가 중국과 아시아에 세운 수

많은 '위안소' 전시 자료를 보던 중 낯익은 사진 한 장을 발견했다. 바로 윤 의사가 체포, 심문받은 '일본해군특별육전대사령부'다. 사진 설명에 따르면 바로 이 부근에 일본군 '위안소'가 많았단다. 사령부 인근이니 그럴 수밖에.

이야기가 나온 김에 한 가지만 더 살피자. 이곳에는 조선인 '위안부' 자료만 따로 전시한 공

流 不 尽 的 泪
ENDLESS FLOW OF TEARS

请 您 为 她 擦 去 眼 泪 吧！
Please wipe them off for her！

✛ 눈물 흘리는 동상

간이 있다. 아무래도 발걸음이 느려질 수밖에 없다. 1944년 연합군이 촬영한 사진에 임신한 채로 찍히고 훗날 일제의 만행을 널리 알리는 데 앞장선 박영심 할머니를 비롯해 많은 분들의 고통과 분노를 고스란히 증언하는 장소다.

그리고 박물관의 마지막 전시물 앞에도 오래 멈춰 있을 수밖에 없었다. 'ENDLESS FLOW OF TEARS'라는 제목의 청동 위안부 할머니는 끊임없이 눈물을 흘리셨다. 화석처럼 굳은 할머니의 얼굴 앞에서 오래도록 부끄러웠다. 깨끗한 수건을 준비해 둔 전시 담당자의 배려에 깊이 감사하며 할머니 피눈물을 닦아 드리는 것으로 송구함을 대신할 수밖에 없었다.

나라와 겨레에 바치는 뜨거운 사랑

윤봉길 의사를 보내고 누구보다 초조
했을 백범은 어땠을까? 마침 상하이 임시
정부의 안살림을 맡았던 정정화 여사의
회고록 『장강일기』에 관련 내용이 있다.
의거 당일 백범은 여사를 찾아와 몇 분의
점심 식사를 부탁한다. 흔히 있는 일이라
정 여사는 평소처럼 식사를 준비했다고
한다.

점심상이 거의 차려졌을 무렵, 그러니
까 그분들은 몰랐겠지만 윤 의사가 의거에 성공한 직후, 임정 요인
인 이동녕, 조완구 선생이 오고 조금 늦게 백범이 도착한다. 여느
때와 다름없이 식사를 하던 백범은 뜻밖에도 정정화 여사에게 술
한 병과 신문을 사 오라고 한다. 백범은 평소 술을 드시지 않았고,
더군다나 낮에 술을 찾는 게 의아했지만 정 여사는 더 묻지 못하고
집 밖으로 나오니 거리 분위기가 심상치 않더란다.

호외가 돌아 내용을 살펴보니 '중국' 청년이 시라카와를 즉사시
키고 여러 명을 부상시켰다는 내용이었다. 다음 날 조선에 뿌려진
호외에는 더 정확한 정보가 실린다. 상하이 축하식장에 한 청년이
돌연 폭탄을 던졌다는 내용의 기사 아래 「폭탄현행범인爆彈現行犯人
은 조선인朝鮮人으로 판명判明」이라는 표제가 보이고, '조선' 청년의

이름 '尹奉吉윤봉길'이 또렷이 적힌 것이다.

그때서야 백범이 왜 신문을 사 오라고 했는지 짐작하고 얼른 신문을 사 들고 집으로 돌아왔다. 호외를 받아 든 백범은 일이 제대로 됐다고 하면서 석오장과 우천에게 술을 권했고, 세 분이서 같이 축배를 들었다.

정정화 여사의 이어진 회고다. 그런데 백범이 든 술잔이 어찌 축배이기만 했겠는가. 윤봉길 의사의 순국에 앞서 올린 제주祭酒이기도 했을 것이다. 중국 망명 직후 집으로 보낸 편지에서 윤 의사는 이렇게 스스로 묻고 답한 적이 있다.

'사람은 왜 사느냐?'

'이상을 이루기 위해서 산다.'

그리고 그 이상理想은 곧 '나라와 겨레에 바치는 뜨거운 사랑'이라고 의사는 덧붙였다. 이상을 이룬 윤 의사는 호탕하게 웃었겠지만, 백범과 임정 요인들은 조국을 향한 윤 의사의 사랑에 눈시울이 뜨거워졌을 거라고, 그렇게 믿는다.

4

물을 마시며
근원을 생각한다

자싱과 김구

오늘 내가 디딘 발자국은 언젠가 뒷사람 길 되리니

조금 특별한 『백범일지』를 소개할까 한다. 백범이 직접 서명해 선물한 것인데, 저자 사인본을 받은 행운의 주인공은 조계진趙季珍이란 분이다. 낯선 이름이지만 독립운동사에 자주 등장하는 이분은 흥선대원군의 외손녀다. 그녀는 베이징의 항일독립투쟁사를 이야기할 때 소개할 우당 이회영 선생의 며느리이기도 하다. 백범은 책을 선물하면서 평소 즐겨 쓰던 조선 후기 문인 김양연의 절구 한 편을 써준다.

© 우당기념관

눈 덮인 들판 지날 때	踏雪野中去
함부로 어지럽게 걷지 마라	不須胡亂行
오늘 내가 디딘 발자국은	今日我行跡
언젠가 뒷사람 길 되리니	遂作後人程

한평생 일절 타협 없이 우직하게 독립운동에 헌신한 백범의 삶을 고스란히 보여 주는 작품인 것 같다. 그런데 지금 전할 이야기는 백범의 '어지러운 발걸음'과 관련한 것이다. 윤 의사 의거 직후 그럭저럭했던 상하이 생활은 끝나고 8년간의 긴 피란기가 시작된다. 상하이 시절 또한 만만치 않았을 테니 우선 그때 이야기부터 해 보자.

조선에서 일찍부터 나라 지키고 되찾는 일에 열심이던 백범이 상하이로 망명한 때는 임시정부가 수립된 1919년이다. 그때 선생 연세가 마흔넷으로 적지 않았는데 수차례 옥살이를 하다 보니 평범한 가정생활을 할 겨를이 없었다. 그런데 1920년 아내 최준례 여사가 첫째 아들 인仁과 함께 상하이로 오고, 2년 후에는 어머니 곽낙원 여사 또한 망명하면서 모처럼 단란한 가정을 꾸릴 수 있었다. 1922년에는 둘째 아들 신信까지 태어나 온 가족이 모여 살게 되었던 것이다.

앞선 글에서 잠깐 소개했던 것처럼, 그때 백범 가족이 살았던 곳이 영경방 10호다. 상하이를 찾는 여행객들이 반드시 방문하는 신텐디 카페 거리 한복판이 바로 그곳이다. 지금과 달리 백범이 거주할 당시 이곳은 상하이 하층민의 주거지였다.

그러나 그 소박한 행복도 2년이 채 가질 않는다. 1924년 1월 1일, 백범의 부인이 폐렴으로 세상을 떠났기 때문이다. 가난한 형편에 비석 하나 세우지 못하는 걸 안타깝게 여긴 동포들이 십시일반으로 돕고 나선다. 한글학자 백연 김두봉 선생은 비문을 써주었다. 아내의 임종을 지키지 못한 백범은 아내의 무덤 앞에서나마 가족들과 함께 설 수 있었다. 그때 찍은 귀한 사진이 한 장 남아 있다. 사진 설명은 1924년 2월 18일자 〈동아일보〉 기사로 대신한다.

이 빗돌 위에 잇는 늙은 부인은 그의 싀어머니 곽씨(66)요, 모자 쓴 남자는 그 남편 김구(49) 씨요, 오른편에 있는 아해는 큰 아들 김인(5)이요, 왼편에 잇는 아해는 그 둘째 아들 김신(2)이다. 늙은 싀모, 어린 자손, 더욱 뜻을 이루지 못하고 표랑하는 남편을 두고 죽을 때에 그 부인의 눈이 엇지 참아 감기엇스랴!

그런데 비문을 어떻게 읽어야 할까? 우선 '최 준례 묻엄', '남편 김구 세움'은 쉽게 이해가 된다. 'ㄹㄴㄴㄴ해ㄷ달ㅊㅈ날 남', '대한민국ㅂ해ㄱ달ㄱ날 죽음'은 각각 고인의 생몰 연대를 표시한 것 같은데 이게 무슨 말일까? 암호 같은 비문을 읽을 수 있는 열쇠는 최 준례 여사가 세상을 떠난 날이 1924년 1월 1일이라는 사실이다.

김두봉 선생은 한글학자답게 아라비아 숫자 대신 한글 자음 순서를 숫자로 활용했다. 그러니까 '대한민국ㅂ해'는 '대한민국 6년'으로 서기로는 1924년이다. 이미 설명했던 것처럼 대한민국은 1919년에 수립되었기 때문이다. 이제 'ㄱ달ㄱ날'은 쉽게 이해가 된다. '1월 1일'을 표현한 것이다.

그럼 'ㄹㄴㄴㄴ해ㄷ달ㅊㅈ날'도 읽을 수 있겠다. 이를 아라비아 숫자로 변환하면 '4222년 3월 19일'이다. '4222년'은 단기檀紀인데 서기로 바꾸면 1889년이 된다. 흥미로운 것은 '19일'을 'ㄱㅈ날'이라고 하지 않고 'ㅊㅈ날'이라고 표기한 것인데, ㅊ이 한글 자음 중 열 번째 음운이기 때문이다.

거지 중의 상거지

형편은 갈수록 어려워졌다. 생활을 감당할 수 없었던 백범의 어머니는 둘째 손자를 데리고 먼저 귀국했고 첫째 손자도 고국으로 보내라고 이른다. 그래서 백범은 홀아비로 지낼 수밖에 없었다. 그때를 회고한 『백범일지』의 기록이다. '그림자나 짝하며 홀로 외롭게 살면서, 잠은 정청政廳에서 자고 밥은 직업 있는 동포들 집에서 얻어먹으며 지내니, 나는 거지 중의 상거지였다.'

그럼 누가 '거지 중의 상거지' 백범에게 밥을 대접했을까? 동포 누구나 그랬겠지만 사연이 남은 이는 '조선의 잔 다르크' 정정화 여사다. 임시정부 일로 분주해 끼니를 거르기 일쑤인 백범은 오후 서너 시가 돼서야 밥을 얻어먹으러 정 여사 집을 찾았다고 한다. "후동 어머니, 나 밥 좀 해줄라우?" "암요. 해드려야죠. 아직 점심 안 하셨어요? 애 좀 봐주세요. 제가 얼른 점심 지어 드릴게요." 마음 씀씀이가 고왔던 정정화 여사의 여든여섯 때의 회억이다.

왜놈 잡는 일에는 그렇게 무섭고 철저한 분이지만, 동고동락하는 이들에게는 당신 자신이 공적으로나 사적으로 아무리 어려운 처지에 있더라도 겉으로 나타내는 법 없이 항상 다정하고 자상하며 격의 없는 분이 백범이었다. 반찬거리를 사다가 밥을 지어서 갖다 드리면 어떻게나 달게 드시는지 빨리 형편이 펴서 좀 더 나은 걸 해드렸으면 하는 마음이 간절하곤 했다.

이런 형편이니 생일인들 변변하게 챙겼을까. 그런데 백범을 위해 생일잔치를 마련한 사람이 있다. 나석주 의사다. 1925년 음력 7월 11일, 백범 생신날 나석주는, "오늘이 선생님 생신이 아닙니까?

돈은 없고 해서, 의복을 전당하여 고기 근이나 좀 사 가지고 밥해 먹으러 왔습니다." 하고 백범 집 문을 들어섰던 것이다.

백범은 어머니께 송구하고 동지에게 감격했다며 『백범일기』에 다음과 같이 기록한다. '가장 영광스러운 대접을 받은 것을 영원히 기념할 결심과,

✚ 1934년 난징에서 어머니를 모시고 찍은 백범의 가족사진이다.

어머님에게 너무도 죄송하여, 내 죽는 날까지 내 생일을 기념하지 않기로 하고 날짜를 기입하지 아니한다.' 1여 년 후 조선 경제 수탈의 첨병 동양척식주식회사에 폭탄을 던진 후 순국한 나석주 의사에게 생일상을 받았으니 '가장 영광스러운 대접'이라고 할 만하다.

그럼 어머니께는 왜 송구했을까? 이런 사연이 있었다. 백범이 상하이로 망명하기 이틀 전이 어머니의 환갑이었다. 아들 백범은 조촐하게나마 잔치를 열려고 했지만 어머니의 만류로 그러지 못했던 것이다. 또 십여 년 후 난징南京에서는 이런 일도 있었다. 백범이 어머니 생신을 챙기려 하자 곽낙원 여사는 자신이 먹고 싶은 음식을 장만해 먹을 테니 잔치 비용을 돈으로 달라 한다. 그러곤 생일상

차릴 돈으로 권총을 사서는 일제와 더 치열하게 싸우라며 청년단에 기증한다.

은공이 태산과 같습니다

이봉창 의사의 도쿄 의거 실패를 보도하면서 한 중국 신문은 '불행히도 명중하지 않았다(不幸不中)'고 탄식했다. 그러나 그 탄식은 100여 일 후 다른 한인 영웅, 윤봉길 의사에 의해 환호로 바뀐다. 두 의사에 대한 백범의 마음을 중국의 한 소설가는 다음과 같이 쓰고 있다. 샤녠성夏輦生의 소설 『선월船月』의 일절이다.

> "그들의 이름 가운데 한 자는 똑같지요. 그래요?"라고 물었다. "그래, 맞아. 이 자는 '봉'이라고 읽어. 봉헌한다고 할 때의 봉奉이야." 김구는 손가락으로 글씨를 쓰며 말했다. "기억할게요." 아이바오愛寶는 중얼거리며 "봉헌할 때의 '봉' 자."라고 다시 한 번 읽었다. "이 글자를 쉽게 보지 마. 이 글자는 정성을 담은 마음일 수 있거든." 김구의 목소리는 격동하였다. "국가와 민족을 위해 사심과 두려움 없이 철저하게 봉헌하는 마음 한 조각이야."

그러나 의거 성공을 기뻐할 새도 없이 백범과 임정 요인들은 급히 피해야 했다. 광분한 일제 관원이 안전지대였던 프랑스 조계까

지 난입해 무차별
적으로 조선인들을
체포했기 때문이다.
백범은 평소 조선의
우국지사를 동정하
던 미국인 피치 박
사 집에 잠시 피신
한다. 하지만 이곳

✦ 1948년 피치 박사 부부가 백범을 방문했을 때 사진으로
백범 왼쪽이 피치 박사 부부다.

도 밀정에게 탐지되자 급히 상하이 서남쪽의 자싱嘉興으로 떠난다.
당시 상하이법과대학 총장을 맡고 있던 주푸청褚輔成 선생의 배려
덕분이었다.

백범의 자싱 피난기를 소설로 쓴 샤녠성 선생은 우리나라와 인
연이 남다르다. 큰언니의 남편, 그러니까 작가의 큰 형부가 조선
사람으로 대한민국임시정부에서 활동했기 때문이다. 그 인연으로
1980년대 말, 백범의 둘째 아들 김신 선생이 자싱 지역을 방문해
주푸청 선생의 후손을 찾을 때 〈가흥일보嘉興日報〉 기자였던 그녀가
안내를 맡았다고 한다.

그녀는 『선월』에서 주푸청 선생에 대한 백범의 감사를 이렇게
전한다. '주 선생님은 저의 대은인입니다. 우리 민족의 대은인입니
다. 우리 전 대한민국의 대은인입니다. 은공이 태산과 같습니다.'

어찌 그렇지 않겠는가. 당시 일제가 백범에게 건 현상금이 60만

원이었다. 일반 노동자 월급이 30원 정도였을 때니 엄청난 액수다. 그런 백범을 숨겨 주었으니, 자신뿐만 아니라 집안 전체가 극도의 위험을 각오했던 것이다.

다소 늦었지만 1996년 대한민국 정부는 주푸청 선생에게 건국훈장 독립장을 수여한다. 뒤늦게라도 은혜를 갚은 것이다. 우리 또한 예를 갖추고자 선생의 묘를 찾았다. 동행한 반

✚ 주푸청 선생 묘

아이들과 함께 헌화하고 깊이 그리고 오래 고개 숙여 감사를 표했다. 자신들도 잘 모르는 중국 사람 묘에 한국 학생들 수십 명이 헌화하고 묵념하는 걸 보고 공동묘지 관리인들은 의아해했지만 우리는 갑자기 대견하고 뿌듯한 마음이 커져 몸속에 다 들어가지 못하는 '거인'이 된 것 같았다.

오늘은 남문 호수에서 자고, 내일은 북문 강변에서 자고

현재 자싱 매만가梅灣街 일대는 깨끗하게 단장돼 있다. 난후南湖

라는 아름다운 호수를 끼고 있는 이곳에 백범이 머물던, 주푸청 선생의 양아들 천퉁성陣桐生의 집 매만가梅灣街 76호와 이동녕 선생을 비롯한 임정 요인과 가족들이 기거했던 일휘교日晖桥 17호가 잘 복원돼 있다. 중국 대륙 한복판에서 말끔하게 정돈된 우리 독립운동 사적지를 답사하는 건 적잖은 희열을 준다. 매우 드문 일이기 때문이다.

백범이 천퉁성의 집에 머물 때 이야기는 유명하다. 백범은 안전을 위해 낮에는 배를 타고 난후를 떠돌다 어둑해져서야 집으로 돌아왔다고 한다. 그때 집 창문에 걸린 것으로 신호를 했다는데, 붉은 고추는 '안전', 검은 적삼은 '위험'을 뜻했다고 한다. 그것도 부족해

✛ 백범 피난처 입구

그들을 생각하면 눈물이 난다

✚ 백범 피난처

✚ 백범 피난처에서 바라본 난후

이층 처소에는 아래층으로 통하는 비밀 통로가 있었고, 비상 시에는 배를 타고 바로 호수로 피할 수 있었다. 그만큼 당시 정황이 위태롭고 일제의 추격이 집요했던 것이다.

이때 백범을 위해 위험을 감수한 중국인 '처녀 뱃사공' 주아이바오朱愛寶가 있다. '오늘은 남문 호수에서 자고, 내일은 북문 강변에서 자고, 낮에는 땅 위에서 행보'하는 위태로운 시간을 함께 견딘 것이다. 그녀는 훗날 백범을 따라 난징까지 갔고 중일전쟁으로 난징이 일제에 함락되자 헤어지게 된다. 백범은 '송별할 때 여비 100원밖에 주지 못하였던 것'을 내내 안타까워했다. 5년여를 '부부같이' 지냈기 때문이다.

우리는 백범의 조심스러운 행적을 좇듯 이곳을 말없이 거닐었다. 선생이 거주하던 2층 침실 창밖으로 난후를 한참 내다보기도 하고, 위급한 상황에 이용했을 비밀 통로의 덮개도 가만히 쓰다듬었다. 호수를 접하고 있는 집 뒤편에서는 목숨을 걸고 선생을 돌보았던 한 젊은 여사공의 뜨거운 마음이 짐작되지 않아 쉽게 자리를 뜰 수 없었다. 복원된 작고 초라한 배가 당시 두 분의 운명을 싣고 얼마나 심하게 요동쳤을지 가늠되지 않았기 때문이다.

앞서 설명한 대로 임정 요인 피난처는 백범 피난처에서 그리 멀지 않다. 이곳 1층은 전시실로, 2층은 당시 임정 요인들의 거처로 복원돼 있다. 백범의 어머니인 곽낙원 여사와 둘째 아들 김신의 방, 김의한·정정화 부부가 사용하던 방, 석오 이동녕 가족이 거처하던

✦ 임정 요인 피난처

방, 그리고 이곳 자싱 피난처를 마련한 임정 선전부장 엄항섭 선생 가족의 방이 나란히 자리잡고 있다. 한 가족이 생활하기에 무척 비좁지만 결코 왜소하지 않은 모습에 다행스러웠다.

1층에는 식사를 준비하고 함께 음식을 먹었을 부엌과 식당도 옛 모습대로 잘 꾸며져 있다. 소박한 식탁 의자에 가만히 앉아 보았다. 당시의 것일 리 없지만 그때 그분들의 숨결과 채취가 느껴지는 것 같았다. 일상을 사는 우리는 종종 일탈을 꿈꾸지만 그분들은 하루하루가 절체절명의 순간이었던 것을 생각하니 괜한 송구함에 몸둘 바를 몰랐다. 그러나 적어도 이곳에서만은 끼니를 나누는 '식구食口'로서의 소소한 기쁨을 만끽했으리라 믿기로 했다.

　　1층 전시실에는 무척 반가운 조형물이 있다. 백범의 자싱 시절을 공부하며 숱하게 보던 사진인데, 사진 속 인물을 실물 크기로 전시한 것이라 더 생생한 느낌이 들었다. 주푸청 선생의 맏아들인 주평장褚鳳章이 오른쪽 끝에, 백범에게 집을 제공했던 주푸청 선생의 양아들인 천퉁성이 왼쪽 끝에 서 마치 백범을 비롯한 임정 요인들을 호위하듯 서 있는 사진이다. 맨 오른쪽에 앉은 여성은 다음 답사지인 재청별서載靑別墅로 백범을 안내했던 주자루이朱佳蕊 여사다.

물을 마시며 근원을 생각한다

자싱까지 일제의 손길이 뻗치자, 주푸청의 맏아들 주펑장은 자신의 처가인 하이옌현海鹽縣 재청별서로 백범의 피란처를 옮긴다. 그런데 이때 백범의 안전을 위해 출산한 지 얼마 되지 않은 부인 주자루이를 동행시킨다. 하루 종일 걸려 친정에 도착한 주씨 부인은 다시 산길을 걸어 난베이후南北湖가 바라보이는 재청별서까지 백범을 수행한다. 이 헌신적인 모습을 백범은 이렇게 기록했다.

✦ 재청별서 가는 길

나는 우리 일행이 이렇게 산을 넘어가는 모습을 활동사진기로 생생하게 담아 영구 기념품으로 제작하여 만대 자손에게 전해 줄 마음이 간절하였다. 그러나 활동사진기가 없는 당시 형편에서 어찌할 수 있으랴. 우리 국가가 독립이 된다면, 우리 자손이나 동포 누가 저 부인의 용감성과 친절을 흠모하고 존경치 않으리오. 활동사진은 찍어 두지 못하나 문자로나마 기록하여 후세에 전하고자 이 글을 쓴다.

우리가 할 일은, 백범의 말처럼 기억하는 일이겠다. 왜냐하면 진실의 반대는 거짓이 아니라 망각이기 때문이다. 우리는 자싱에서 버스로 한참을 이동했다. 재청별서가 위치한 유원지를 관리하는 중국인들과 한참 실랑이를 벌이고, 다시 '반처(班车)'라 불리는 비공식 유료 셔틀버스를 타고 산 정상으로 향했다. 그리고 또다시 한참을 걸어 내려가서야 재청별서에 닿을 수 있었다. 눈으로 보고 몸으로 기억하기에 맞춤한 '고행'이었다.

그러나 재청별서로 가는 길은 이곳에 숨어 지냈던 백범에게 송구할 정도로 아름다웠다. 산등성이를 타고 오르는 호수 바람은 더없이 시원했고, 길가 대숲은 상큼했다. 잔돌이 가지런한 길은 경쾌하고 중국 강남 전통가옥의 흰 벽은 상쾌했다. 호수가 내려다보이는 언덕에 자리한 백범 '피난처'는 얼핏 근사한 별장처럼 보이기도 했다. 아마 이곳을 그리듯 설명한 『선월』의 문장이 기억에 또렷했기 때문일지도 모르겠다.

✚ 재청별서 조망

✚ 재청별서 인근 조망

그들을 생각하면 눈물이 난다

산 중턱 비탈진 언덕에 있는 재청별서는 돌 기단 위에 한 길 너머 높이로 세워진 다섯 칸짜리 단층집인데, 산을 향해 문을 내고 호수를 내려다보게 창이 나 있어 호수의 풍광과 산의 경치가 한눈에 들어온다. 거기에다 넓고 탁 트인 정원에는 온갖 꽃과 나무가 무성하고 집 안의 흰 담벼락과 검은 기둥이 시골집의 소박하고 단아한 장식과 어울려 더욱 돋보였다.

그러나 지금은 재청별서의 뜰과 그 앞쪽 숲이 우거져 호수가 한눈에 조망되지 않는다. 백범이 머물 당시로부터 적잖은 시간이 흘렀으니 당연한 일이겠지만 다소 아쉬웠다. 하지만 안내하는 분의 설명을 듣고는 금세 반색했다. 이곳 주변은 중국 명사들의 별장지로도 유명한데 그곳에 가면 산 아래 난베이후를 볼 수 있다는 것이다. 한 문인의 별장 2층에서 본 난베이후는 백범이 보았을 때처럼 여전히 아름다웠다.

재청별서 안을 다소 무심히 둘러보던 우리는 전시된 다른 가구들과 달리 옷걸이와 침대는 백범이 손수 쓰던 것이라는 설명을 듣곤 그쪽으로 종종걸음을 놓았다. 조심히 외투도 걸어 보고 손으로 침대 난간을 쓰다듬으며 백범의 손때 묻은 곳에 우리의 손길을 겹쳐 보았다. 문득 애틋함에 마음이 젖었다.

뒤뜰에는 백범의 둘째 아들 김신 선생의 필적 '飮水思源음수사원'이 있다. 물을 마시며 그 근원을 생각한다는 뜻이다. '64년 전 아

버님께서 피난한 곳을 방문'한 기념으로 이 글을 남긴 김신 선생의
마음에 우리들의 정성도 한 겹 포개는 것으로 답사를 마쳤다. 대나
무 숲에 둘러싸인, '환란을 피해 숨은 곳'은 여전히 아름다웠다.

세계에서 가장
아름다운 나라

저기부터 당신네 땅이오

'의구한 산천도 나를 반
겨 주는 듯했다.' 27년 만
에 환국한 감격을 드러낸
백범의 이 문장에는 그러
나 쓸쓸함이 짙게 배어 있
다. 그리운 조국의 산과 강

+ 백범 환국 호외

은 백범을 포함한 임정 요인을 반겼을
지 몰라도 정작 동포들은 한 사람도 환영 나오지 않았기 때문이다.
그래서일까. 『백범일지』에는 선생이 그렇게 고대했을 환국 장면이
아홉 줄, 단 한 단락으로만 묘사돼 있다.

✤ 1934년 제작된 '경성부관내도'에 '汝矣島飛行場여의도비행장'이 표시돼 있다.

1945년 11월 23일 오후 4시, 백범과 임정 요인 1진이 탄 비행기는 지금의 여의도공원 일대에 위치한 여의도비행장에 착륙한다. 그런데 개인 자격으로 환국하기를 종용했던 미군정의 계략으로 임정 요인들의 도착 소식은 누구에게도 알려지지 않았다. 그래서 C-47 미군 수송기에서 내려 고국에 첫발을 디딘 때의 정경은 사실 이러했던 것이다. 백범을 수행한 장준하 선생의 회고다.

미 공군 하사관 하나가 비행기의 문을 열어젖혔다. 나는 심호흡을 하며 조국의 냄새를 온몸으로 맡아 보았다. 조국의 11월의 바람은 퍽 쌀쌀했다. 멀리 산등성이가 부옇게 보였다. 그런데 비행기에서 내린 우리를 맞이한 것은 미군 병사들뿐이었다. 동포들의 반가운 모습은 어

✦ 현재 여의도공원에는 임정 요인이 환국 때 탔던 C-47과 같은 기종의 비행기가 전시돼 있다.

디에도 보이지 않았다. 너무나 허탈해서 나는 몇 번이나 활주로를 힘
주어 밟아 보았다.

고국에서의 냉대는 타국에서의 환대와 대비돼 더 가슴이 아프
다. 백범이 일본의 항복 소식을 처음 전해 들은 곳은 진시황의 병마
용으로 유명한 시안西安이었다. 미국 OSS와 협력해 국내 진공 작전
훈련을 받던 한국광복군을 격려하러 시안에 왔던 백범은 해방 직
전인 8월 10일, '하늘이 무너지고 땅이 꺼지는 일'을 듣게 된다. 일
제의 패망이 기쁘지 않은 건 아니나 수년 동안 준비했던, 연합군의
일원으로 참전하는 일 또한 물거품이 되었기 때문이다.

그러나 조국을 되찾은 감격과 흥분이 적었던 건 아니다. 특히 함께 항일 투쟁을 했던 중국인들의 축하와 격려가 있었기에 기쁨은 배가 되었다. 중국 국민당

✚ 상하이 도착 직후 백범

을 대표해 장제스蔣介石 총통과 부인 숭메이링宋美玲 여사가, 중국 공산당에서는 저우언라이周恩來 등이 성대한 송별연을 열어 주었다. 충칭重慶을 떠나 윤봉길 의사 의거 직후 도망치듯 떠났던 상하이에 왔을 때는 또 수천 명의 동포들이 열렬히 환영했다.

이때 백범이 착륙한 곳은 홍커우공원 인근이었다. 그리고 동포들의 환대에 감사 인사를 하기 위해 올랐던 축대는 윤봉길 의사가 폭탄을 던져 시라카와 요시노리를 비롯한 일제 침략자들을 처단했던 바로 그 역사적 장소였다. 다시 상하이를 떠나 서해를 건너 고국으로 향하던 때도 감격은 이어진다. 이번에는 환국 후 백범의 비서로 활약했던 선우진 선생의 회고다.

두 시간쯤 지나서 오후 3시가 거의 됐는데, 대부분 눈을 감고 졸거나 명상에 잠겨 있었어요. 그때 저희를 안내하던 미군 대령이 저희를 깨우면서, 저기 비행기 밖을 내다보라고 그러더군요. 그래서 보니까, 조

그만 섬이 보이고, 하얀 물결이 치고, 섬들이 많이 보이는데, "저기부 터 당신네 땅이오." 대령이 그러자, 다들 눈을 떴어요. 그러고는 누가 선창한 것도 아닌데 함께 애국가를 제창하고, 순국선열에 대해 묵념 을 드리는 거예요. 그때 애국가를 부르는데 저 자신도 그랬지만……, 그야말로 눈물의 애국가지요, 그것이……!

환국 직후는 아니지만 임정 요인에 대한 이후 환영도 열렬했다. 당시 서울운동장, 지금의 동대문디자인플라자에서 열린 임시정부 환영회에는 10만 명이 넘는 인파가 몰렸고 덕수궁에서는 성대한 연회가 베풀어졌다. '재외 혁명 동지에게'라는 부제가 달린 「그대들 돌아오시니」에서 시인 정지용은 '그대들 돌아오시니 / 피 흘리신

✚ 임정 요인의 환국 당시를 생각하며 비행기 내에서 '독립군 애국가'를 함께 불렀다.

보람 찬란히 돌아오시니!'라며 임정 요인의 노고를 치하하고 고국
에 돌아온 것을 함께 기뻐하기도 했다.

삼팔선을 베고 쓰러질지언정

타국인 상하이와 충칭에서 『백범일지』를 집필했던 백범은 한글
판 서문은 해방된 조국에서 썼다. 1947년 11월 15일, 백범은 이렇
게 적는다. '아직 독립의 일은 이
루지 못하고 내 죽지 못한 생명
만 남아서 고국에 돌아와, 이
책을 동포의 앞에 내놓게 되
니 실로 감개무량하다.'

✛ 『백범일지』 원본

평생 조국의 독립을 위해
헌신 분투했던 백범에게 미소 군정 치하의 조국은 아직 '독립'된 것
이 아니었던 것이다. 이러한 인식은 백범의 환국 후 행보를 이해하
는 데 결정적이다. 조국에 돌아온 후 백범의 활동은 크게 신탁통치
와 남한 단독정부 수립 반대로 정리할 수 있다.

그런데 이는 곧 미군정과의 정면 대결을 의미하기도 했다. 일례
로 수년간 강대국이 우리나라를 신탁통치 하자는 모스크바 3상회
의 결과가 전해진 직후, 백범은 임시정부 포고령을 통해 전국의 군
정청 소속 경찰 모두 임시정부 휘하로 들어올 것을 명한 적이 있다.

이에 당황한 미군정청 사령관 존 하지는 백범을 중국으로 추방하려는 계획을 세우기도 했던 것이다.

혼란한 해방 정국에 미소의 신탁 통치안을 수용할지의 여부, 〈동아일보〉의 오보로 신탁통치를 제안한 것이 소련으로 잘못 알려진 사실, 모스크바 3상회의 결과가 우리에게 불리하지만은 않았다는 사실 등에 대해선 자세히 다룰 수 없다. 다만 백범이 해방 이후 어떤 외세의 지배도 단호히 거부했다는 사실은 분명하다.

✚ 남산 백범 동상 건립 때 중화민국 총통 장제스가 보낸 글을 새긴 것이다.

'제2의 독립운동'에 임하는 자세로 민족자결의 원칙을 고수한 것이다. '국가를 위해 독립에 힘쓰고 민족을 위해 자유를 쟁취했다.'는 훗날의 헌사가 결코 과언이 아닌 것이다.

남한만의 단독선거와 단정 수립에 대한 백범의 입장도 분명했다. 38선 이남만의 단독선거가 가능하다는 UN소총회의 결의가 알려진 직후 백범은 「삼천만 동포에게 읍고함」을 발표한다. 이 글은 평생을 조국 해방에 헌신한 노투사의 절절한 분단 저지 선언이었다. '마음속에 삼팔선이 무너지고야 땅 위에 삼팔선도 철폐될 수 있다.'고 주장한 백범은 '통일된 조국을 건설하려다가 삼팔선을 베고 쓰러질지언정 일신에 구차한 안일을 취하여 단독정부를 세우는 데는 협력하지 아니하겠다.'고 단호히 선언했던 것이다.

+ 삼팔선에 선 백범

분단을, 그리고 이로 인한 동족상잔의 비극을 막겠다는 백범의 의지와 노력은 여기에 그치지 않는다. 남북 지도자의 직접 대화만이 이 문제를 해결할 수 있다고 생각한 백범은 충칭 임시정부 시절 좌우합작을 위해 함께 노력했던 백연 김두봉에게 편지를 보낸다. 김두봉은 상하이 임정 시절에는 아내의 한글 묘비명을 써준 벗이기도 했다. '우리가 우리의 몸을 반쪽으로 나눌지언정 허리가 끊어진 조국이야 어찌 차마 더 보겠습니까.'

그럼 외세의 간섭을 배격하고 이념 갈등으로 분단된 조국을 거부한 백범이 꿈꾼 새 나라는 어떤 모습일까? 경제력이나 군사력이 아닌 문화가 융성한 아름다운 나라다.

나는 우리나라가 세계에서 가장 아름다운 나라가 되기를 원한다. 가장 부강한 나라가 되기를 원하는 것은 아니다. 내가 남의 침략에 가슴이 아팠으니, 내 나라가 남을 침략하는 것을 원치 아니한다. 우리의 부력富力은 우리의 생활을 풍족히 할 만하고, 우리의 강력强力은 남의 침략을 막을 만하면 족하다. 오직 한없이 가지고 싶은 것은 높은 문화의 힘이다.

이런 나라를 만들기 위해 백범은 우선 빼앗긴 나라를 되찾아야 했을 것이다. 그러나 우리 항일 투사들은 단지 침략자들을 조국에서 내쫓는 데만 골몰하지 않았다. 이후 만들어질 새로운 조국에 대한 높은 비전 또한 갖고 있었던 것이다. 내 입에 더 많은 음식을 넣자고 다른 이들을 억압하지 않는 사회, 문화로 융성해 나도 행복하고 남도 풍요롭게 하는 문화 국가, 이것이 그분들의 꿈이었다. 우리가 다시 '항일독립투쟁사'를 공부하고 그분들의 행적을 더듬는 가장 중요한 이유가 바로 여기에 있다고 믿는다.

✚ 윤 의사 가족을 방문한 백범

✦ 복원된 윤 의사 고향집

순국선열의 의기가 영원히 기억되리라

백범이 환국 후 정치 활동 이외에 정성을 들인 일 중 하나는 조국 광복에 몸 바친 의사들의 가족을 찾고 해외에 방치된 유해를 봉환하는 것이었다. 나라를 잃은 때에 타국에서 헤어진 백범과 매헌 두 사람은 해방된 조국에서 다른 방식으로 상봉한다. 1946년 4월 29일, 바로 14년 전 윤 의사 의거가 있었던 바로 그날 백범은 윤봉길 의사의 예산 고향집을 방문한다. 그리고 현재 이승에는 없는 윤 의사의 과거와 미래, 부모와 자식을 만난다.

✦ 삼의사 묘역과 '遺芳百世유방백세'

그리고 일본에 체류하던 박열에게 윤봉길, 이봉창, 백정기 세 의
사의 유해 송환을 부탁한다. 유해가 부산에 도착하자 백범은 특별
열차 편으로 직접 부산으로 내려가 '세 열사의 말 없는 개선'을 맞
는다. 세 의사는 백범이 마련한 서울 효창공원 삼의사 묘역에 모셔
지고 비로소 고국 땅에 영면한다. 이때 백범은 세 분으로 대표되는
항일 투사들의 의기가 영원히 기억되어야 함을 기단에 단단히 새
기기도 했다. 遺芳百世유방백세!

첫 자리는 유해를 모시지 못한 안중근 의사를 위해 비우고, 그

✤ 백범 묘소

옆으로 세 의사를 모신 지 3년이 채 되지 않아 당신이 바로 그 곁에 묻히리라 백범은 상상이나 했을까. 해방된 조국에서, '대한민국임시정부'가 아닌 '대한민국'에서, 그것도 국민의 생명 보호를 최우선으로 하는 대한민국 군인에 의해 암살될 줄 백범은 상상이나 했을까 말이다.

상하이 임정 시절 쌀 60만 가마를 살 수 있는 거액을 현상금으로 걸었지만 일제는 단 한 번도 백범을 체포하지 못했다. 자신들이 신으로 떠받드는 일왕과 일본 육군의 신으로 불린 시라카와 요시

✚ 백범이 타던 차의 번호판 '서울2331'
은 성함의 '九'를 네 개의 숫자로 풀이
한 것으로 알려져 있다.

노리 처단의 배후인 백범을 그들은 얼마나 잡고 싶었을까. 그런 백
범이 사경을 헤맬 때가 있었으니 창사長沙 임정 시절 다른 누구도
아닌 동포의 총에 맞아서다. 분노에 앞서 깊은 슬픔에 잠기게 되는
선생의 운명이다.

환국 직후 백범은 금광 개발로 갑부가 된 최창학이 제공한 별장
을 사저로 사용한다. 이곳이 위치한 충정로 일대는 일제 강점시기
죽첨정竹添町으로 불렸다. 1884년 갑신정변 때 일본공사였던 다케조
에 신이치로(竹添進一郎, 죽첨진일랑)의 성을 따 지명을 삼은 것이다.
그래서 별장 이름도 죽첨장竹添莊이었다.

임시정부 주석의 거처가 일본식 이름일 순 없으니 백범은 이를

✛ 경교장 측면에 걸린 걸개그림이다.

경교장京橋莊으로 바꾼다. 인근에 경교京橋라는 오래된 다리가 있었기 때문이다. 백범이 거처하면서 이곳은 대한민국임시정부 청사로서도 기능한다. 그래서 1945년 12월 3일에는 대한민국임시정부 첫 국무위원회 회의가 경교장에서 개최된다. 그리고 사흘 후에는 경교장을 배경으로 대한민국임시정부 국무위원들이 기념사진을 찍기도 한다.

아무나 나라를 사랑했다 생각하지 말아라

이제 경교장의 1949년 6월 26일을 이야기할 때다. 이날은 일요일이었다. 공군 장교인 아들 김신이 옹진으로 출전하는 날이라 백범은 아침 일찍 배웅을 한다. 교회에 가려 했지만 차가 없어 경교장에 머물며 붓글씨를 쓰고 손님을 맞았다. 이전에도 몇 번 경교장에 들렀던 포병소위 안두희도 인사차 찾아왔고 비서 선우진은 2층으로 그를 안내하곤 지하 주방에 점심을 재촉하기 위해 내려간다. 백범이 좋아하는 만둣국이 그날 점심 메뉴였다.

그리고 곧 이어진 총성. 백범의 코밑을 뚫고 들어간 첫 번째 총알은 유리창을 깼고, 목을 관통한 두 번째 총알 역시 유리창에 또 하나의 구멍을 냈다. 나머지 두 발은 폐와 하복부를 관통했다. 사건 발생 시간은 12시 34분, 주치의를 비롯한 두 명의 의사가 백범의 운명을 확인한 시각은 1시가 막 넘어섰을 때다.

백범의 갑작스러운 횡사도 횡사지만 이후 도무지 이해할 수 없

✦ 위의 사진은 당시 총알 자국이고, 아래는 현재 복원한 것이다.

는 일들이 벌어진다. 안두희를 연행하려던 서대문경찰서 형사주임은 경교장 주변에 배치돼 있던 헌병들의 강압으로 안두희를 '빼앗'긴다. 관할서장인 서대문경찰서장과 심지어 현장 검증을 해야 할 서울지방검사장도 헌병에 막혀 백범 피살 현장에 들어가질 못한다. 반면 안두희는 헌병사령부 의무실 침대에서 안정을 취한다.

안두희를 석방하라는 벽보가 나붙고 그를 학대하는 자는 반역자라는 내용의 전단이 뿌려지는 상황에서 재판이 열린다. 그는 종신형을 선고받지만 복역 3개월 만에 15년형으로 감형되고 한국전쟁 발발 직후인 1950년 6월 27일에는 석방된다. 10개월도 채 갇혀 있지 않았던 것이다. 형무소를 나온 그는 곧 육군 정보국 문관으로 채용되기에 이른다. 이후 소령으로 예편된 그는 강원도에서 두 번째로 세금을 많이 내는 군납공장 사장이 되었으니 이보다 기막힌 일이 있을까.

백범을 암살한 이는 안두희지만 당시의 복잡한 정치적 상황을 고려할 때 배후가 있으리라는 짐작은 합리적 의심이다. 그래서 1995년 13대 국회의 '백범 김구 선생 암살 진상 규명 조사위원회'의 진상 조사 보고서는 다음과 같이 명시하고 있다. '적어도 이승만은 암살 사건에 대해 도덕적 정치적 책임을 져야 할 위치에 있었던 것만은 분명하다.'

암살자, 민족반역자 안두희를 뒤쫓고 처단한 이들이 끊이지 않았던 것도 어쩌면 당연하다. 4·19 혁명 직후에는 '백범 살해 진상 규명 투쟁위원회' 간사인 김용희가 그를 붙잡아 사건 전말을 녹취해 공개했고, 5·16 군사 쿠데타로 진상 조사가 지지부진해진 이후에는 곽태영이 안두희가 운영하는 공장에서 그를 응징했다. 1987년에는 어린 시절 『백범일지』를 읽고 크게 감동했다던 권중희 씨가 '정의봉'으로 안두희의 죄를 물었고, 결국 안두희는 1996년 박기서 씨에 의해 처단된다.

✦ 권중희

✦ 박기서

1949년 7월 5일 해방 후 첫 국민장으로 열린 백범 영결식에 모인 이들을 오열케 한 것은 임시정부가 가장 어려웠던 시절부터 백범과 함께했던 엄항섭 선생의 「울고 다시 웁니다」라는 조사였다. '검은 머리로 고국을 떠나셨다가 머리에 백발을 이고 옛 땅을 찾아오시던 그날'을 회상한 그는 백범 서거의 의미를 다음과 같이 풀어낸다.

✛ 남산 백범 동상은 안타깝게도 친일파 김경승의 작품이다.

우리들은 '월인천강月印千江'이란 말을 생각합니다. 다시금 헤아려 보면 선생님은 결코 가시지 않았습니다. 3천만 동포의 가슴마다에 계십니다. 몸은 무상하여 흙으로 돌아가시고, 영혼은 하늘의 낙원에 가셨을 것이로되, 그 뜻과 정신은 이 민족과 이 역사 위에 길이길이 계실 것입니다.

'뒷날에 뉘 있어 스스로 나라를 / 사랑했다 이를 양이면 / 스스로의 가슴에 / 조용히 손을 얹고 / 이제 白凡 가신 이의 / 생애에다

물어보지 않고는 / 스스로 / 아무나 나라를 사랑했다 생각하지 말
아라.' 이렇게 노래한 이는 박두진이었고, 청록파의 다른 시인 조지
훈 또한 백범 영전에 '삼천만의 가슴에 꽂힐 비바람에도 낡지 않은
마음의 비명'을 바친다.

그들을 생각하면 눈물이 난다

순국하고도
못 잊었을 조국이여

비바람도 찼어라, 나라 잃은 나그네야

사진 한 장을 보자. 남녀노소가 섞인 십여 명의 일행 뒤로 비행기가 보인다. 그리고 몇몇은 태극기를 들고 있다. 언제쯤 찍은 사진일까? 중앙에 선 백범을 확인하면 대략 그 시기를 짐작할 수 있겠다. 좀 더 자세히 보면 백범이 화환을 걸고 있다. 뭔가 환영받을 만한 일이 있었나 보다. 그런데 화면 오른쪽 노인 한 분은 눈물을 훔치고 있다. 무슨 일이 있었던 걸까? 이 사진 정중앙의 빡빡머리 꼬맹이는 훗날 이런 회고를 했다.

이분들이 중경에서 상해로 귀환하던 날은 민족적인 대감격의 날이었다. 그 많은 인파가 몰린 가운데 손에 손을 맞잡고 우리는 마음껏 태

극기를 흔들었고 (…) 요인要人에 대한 자연스러운 존경과 예우가 있
었다. 그리고 상해에서 며칠을 보내시는 동안 이분들의 (…) 근엄하고
인자한 표정과 몸가짐을 통해서, 우리는 조국을 배우고 역사를 깨달
았다. 그리고 불굴의 항일 독립 정신을 확인했다.

충칭에서 해방을 맞은 임정 요인들은 중국 국민당의 지원으로
일단 상하이에 도착한다. 나라를 되찾았지만 조국은 남북으로 갈렸
고, 미국과 소련이 군정을 실시하던 고국으로 곧바로 갈 수 없었기
때문이다. 이 사진은 1945년 11월 5일, 임정 요인들이 상하이에 도
착해 교민들의 환영을 받는 장면이다. 그런데 이렇게 즐거운 날 왜
중절모를 쓴 노인은 처연한 것일까? 그리고 그는 누구길래 이 역사

✚ 부통령 취임식장의 성재 이시영

적인 장면에 포착된 것일까?

이 초췌한 노인은 영토가 없어 타국에서 수립된 임시정부로부터, 국토를 회복해 조국 강토에 대한민국을 재건할 때까지 자신의 모든 것을 바친 임정 요인이자 대한민국 초대 부통령인 성재 이시영 선생이다. 망국 때 전 재산을 팔아 가족 전체가 망명하고, 나라를 되찾는 데 전심전력하길 36년, 살아 고국으로 되돌아온 이는 6형제 중 자신뿐이었다. 사진 한 장으론 결코 짐작조차 할 수 없는 감격과 슬픔이 성재의 젖은 눈가에 어리었다.

중국 내 독립운동 답사의 상당 부분은 임시정부와 관련이 있다. 임시정부가 수립된 상하이와 해방을 맞은 충칭은 그래서 단골 답사지다. 상하이에서 충칭까지 이동기 중간의 자싱嘉興, 항저우杭州,

✚ 남산 성재 동상

전장鎭江, 창사長沙, 광저우廣州, 류저우柳州, 치장綦江 등은 좀 더 관심 있는 이들의 발길이 닿는 곳이다.

하지만 역사전공자가 아닌 이들에게 해외 항일답사는 쉬이 떠날 수 있는 여행이 아니다. 그럼 서울에서 임시정부의 자취를 찾을 순 없을까? 마침 매우 중요한 임정 관련 유적이 서울에 있다. 바로 임정 요인들의 묘소다. 그분들이 묻힌 곳이야말로 가장 확실하고 중요한 유적이 아니겠는가.

앞서 소개한 성재 선생 묘소를 찾기 위해선 현충원이 아니라 북

그들을 생각하면 눈물이 난다

✛ 북한산 성재 묘소

한산으로 가야 한다. 4·19 국립묘지 인근에는 선열 열일곱 분의 묘
소가 있는데 그중에 성재의 묘도 있기 때문이다.

성재는 한국전쟁 당시 수만 명의 희생자를 냈던 국민방위군 사건
의 책임을 지고 부통령직에서 사임했고 1953년에 임시 수도 부산에
서 서거했다. 전쟁 중이었지만 9일간의 국민장이 거행되었고 처음에
는 정릉에 안장되었다가 1964년 현재의 수유리 묘소로 모셔졌다.

묘소로 이어진 가파른 길에는 예전 무허가였던 집들이 지금도
몇 채 남아 있다. 그런데 그 집 중 한곳에서 성재의 며느님이 40년

가까이 살며 시묘를 했다고 한다. 국가가 마땅히 책임져야 할 선열에 대한 보훈을 유족이 오롯이 감당했던 것이다. 초대 부통령에 대한 예우가 이 정도였으니 다른 분들은 말해 무엇하겠는가.

대한민국임시정부에서 수차례 재무를 담당했던 성재였기에 그를 '청렴결백한 대한민국임시정부의 지킴이'라고 평가하기도 한다. 해방 후의 한 기록에 따르면 그것이 결코 과장된 평가가 아님을 알 수 있다. '임정의 초대 법무총장까지 지낸 이가 충청에 있을 때에도 꼭 혼자서 자취를 했다. 손수 김치를 담그고 밥을 지어 먹었다.' 망명 때 팔았던 집을 해방이 되었으니 되돌려 주겠다는 이승만의 제안을 단호히 거부했다는 성재였다.

성재 묘소 아래로는 열일곱 분의 광복군 유해를 모신 묘소도 있다. '비바람도 찼어라, 나라 잃은 나그네야, 바친 길 비록 광복군이

✦ 광복군 합동묘소

었으나, 가시밭길 더욱 한스럽다. 순국하고도 못 잊었을 조국이여, 꽃동산에 뼈나마 여기 묻히었으니, 동지들아 편히 잠드시라.'라는 비문만이 성재와 광복군을 위로하는 듯하다. 호젓하다고 말하기가 송구할 만큼 찾는 이가 없기 때문이다.

통분과 절망

해방 후 가장 먼저 조성된 임정 요인 묘역은 효창공원 내에 있다. 이곳은 원래 '공원'이 아니라 정조의 맏아들인 문효 세자의 묘소가 있던 곳으로 효창원孝昌園이라 불렸다. 그런데 청일전쟁 당시 일본군이 인근에 주둔하면서 일제의 주목을 받았고 1924년 결국 효창원은 '공원'으로 전락한다. 해방 후 이곳은 다시 이봉창, 윤봉

✛ 왼쪽부터 차례로 조성환, 이동녕, 차리석 선생의 묘소다.

길, 백정기를 모신 삼의사 묘역으로 조성되고 2년 후에는 이동녕,
차리석, 조성환 세 분의 임정 요인 또한 이곳에 안장된다.

임시정부 주석을 역임한 석오 이동녕은 1940년 충칭 인근의 치장에서, 임시의정원 의원으로 활약했던 차리석은 해방 직후 환국을 준비하다 충칭에서, 그리고 임정 국무위원 조성환은 해방 후인 1948년 고국에서 돌아가셨다. 1946년과 1948년 각각 삼의사와 임정 요인을 이곳에 모신 백범 또한 1949년 이곳에 영면했으니 효창공원은 애국과 충의의 상징이 된 것이다.

그런데 1960년 우리나라 최초의 국제 규격 축구장이 이곳에 들어선다. '민족혼의 마비를 초래'한다며 전 국민이 반대해 무산되었던 것을 몇 년 후 기어이 준공했던 것이다. 성재와 광복군 묘소는 찾는 이가 없어 참담하다면, 효창공원 묘역 인근은 숱한 이들이 찾지만 무심한 눈길만 스쳐 참혹하다.

하긴 임정 요인의 삶이 고국에서만 고단했던 건 아니다. 윤봉길 의거 직후 임정 요인들은 기약 없는 피란 길을 떠났다. 하지만 용기와 뜻 있는 중국 애국지사의 도움으로 풍찬노숙은 면할 수 있었다. 대표적인 이가 앞서

✦ 왼쪽부터 차례로 백범, 삼의사, 임정 요인 묘역이다.

그들을 생각하면 눈물이 난다

✦ 왼쪽 현판에 '진강 대한민국임시정부 사료 진열관'이라는 한글이 보인다.

자싱嘉興 답사기에 소개한 주푸청褚輔成 선생이다.

그런데 자싱 다음으로 임정이 옮겨 간 전장鎭江에도 최근 대한민국임시정부 유적지가 복원돼 눈길을 끈다. 전장은 난징南京의 남동쪽에 위치하는데 이곳에서 석오 이동녕은 임시정부 주석에 재선돼 피란기의 임정을 이끌었다.

최근 진장시는 김씨 성을 가진 임정 요인 중 한 명이 이곳에서 격정적인 강연을 했다는 증언을 확보한다. 이를 확인하기 위해 백방으로 노력하던 중 당시 목원소학교 교사와 학생의 증언을 통해 1937년 백범이 이곳에서 강연을 했다고 추정하고 이곳에 '전장 대한민국임시정부 사료 진열관'을 세운다.

다시 말하지만 대한민국 정부가 자료를 발굴하고 전시관을 세

✚ 전시관에는 백범의 강연 장면을 상상해 그린 작품이 걸려 있다.

운 게 아니다. 그것만으로도 감격스러운데 한 번 더 감사하고 부끄
러운 일이 있었다. 좁고 복잡한 골목길을 이리저리 헤쳐 나가는 중
에 만난 한글 안내판이 그랬고, 유창한 한국말로 전시관 곳곳을 안
내해 준 젊은 중국 여성이 또 그러했다. 한국에서 유학을 했다는 그
분은 전장시 공무원으로 채용돼 이곳을 관리하고 있었다. 그들에겐
감사함으로, 우리에겐 부끄러움으로 고개가 숙여졌다.

　가난한 중국인들이 사는 골목을 돌아 나오며 임정 요인 한 분을
떠올렸다. 홍진. 낯선 이름이지만 국내에선 한성정부를 수립하는
데 결정적 역할을 했고, 상하이의 임시정부를 연해주의 대한국민의
회와 통합할 때 역시 중요한 역할을 한 분이다. 그는 상하이 임시정
부와의 통합을 위해 압록강을 건너면서 이름을 홍면희에서 홍진으

로 바꾼다. 검사와 변호사로서의 기득
권을 버리고 독립운동에 헌신하겠다는
의지의 표현이었을 것이다.

대한민국임시정부는 행정부인 임
시정부와 국회 격인 임시의정원으
로 구성된다. 홍진은 행정 수반인
국무령과 임시의정원 의장을 모
두 역임했던 인물이다. 그가 국무령으

✛ 경복궁역 인근의 한성정부
유적지 표지석

로 선출되기 전 임시정부의 분열에 회의를 느끼고 은거한 곳이 바
로 이곳 전장이고, 이때 그가 쓴 글의 제목이 '통분과 절망'이다. 나
라를 잃고 그 나라를 되찾자는데도 분열하고 대립했던 임시정부에

✛ 홍진의 묘소는 서울 현충원 임시정부 요인 묘역에 있다.

✚ '民族正氣민족정기'는 백범 친필이다.

대한 '일호一毫의 야욕이 없는 개결介潔한 지사志士'의 단심丹心이었던
것이다.

희망찬 30년, 원칙 없는 40년

홍진을 비롯한 임정 요인들이 가장 많이 모셔진 곳은 단연 서울
현충원 내 임시정부 요인 묘역이다. 그런데 많은 이들이 이곳의 존
재조차 모른다. 그도 그럴 것이 한국전쟁 직후 조성된 이곳에 임정
요인 묘역이 조성된 건 그리 오래전 일이 아니기 때문이다. 1992년
중국과의 수교 직후 상하이 쑹칭링宋慶玲능원에 있던 백암 박은식,
예관 신규식 등 지사 유해 다섯 위를 이곳으로 이장하면서 임시정

부 요인 묘역이 조성된 것이다.

　임시정부가 처음 자리 잡은 상하이는 당시에도 '동방의 파리'로 불리던 국제도시였다. 그래서 외국인 전용 묘지, 만국공묘萬國公墓가 있었다. 상하이에서 삶을 마감한 조선의 독립운동가들도 그래서 이곳에 묻혔다. 그런데 중국 인민의 어머니로 불리고 유일하게 중국 공산당 명예주석으로 추대된 숭칭링 여사가 이곳에 영면한 후에는 '숭칭링능원'으로 이름이 바뀐다. 현재 이곳에는 우리 애국지사의

✦ 상하이 숭칭링능원 내 박은식, 신규식 선생 묘지 표지석이다.

✦ 서울 현충원 임정 요인 묘역 내 두 분의 묘소다.

묘지가 있었다는 표지석만 남아 있다.

해방 70주년을 맞았던 2015년, 국내외에서는 다양한 행사가 열렸고 이때의 감격과 기쁨은 대단했다. 그런 의미에서 2019년은 더더욱 기대되는 해다. 왜냐하면 대한민국임시정부가 수립된 지 100주년이 되는 해이자 대한민국 건국 100주년이 되는 해이기 때문이다. 1948년 8월 15일은 국토를 회복해 대한민국을 재수립한 날이지 대한민국이 건국된 해는 아니다. 그래서 1948년에 발행된 '대한민국 관보 1호'도 그해를 '대한민국 30년'으로 표기하고 있는 것이다.

✚ 대한민국 관보 1호

이를 기념하기 위해 '대한민국임시정부기념관 건립추진위원회'와 '대한민국임시정부 기념사업회'가 협력해 임시정부 기념관을 세우려 노력하고 있다. 하지만 박근혜 전 정부의 미온적인 태도로 어려움을 겪었다고 한다. 중국에는 임정 기념관이 다섯 곳에나 있지만 정작 우리나라에는 한 곳도 없는데도 말이다.

나라를 위해 모든 것을 바친 분들에 대한 대접이 이럴 수는 없다고 생각할 만큼 형편없다. 그러나 선열들에 대한 푸대접이 어제 오늘만의 일은 아니다. 중국 망명 30년 세월이 '평탄치 않은 역경의 세월이었긴 하지만 적어도 이상이 세워져 있었고, 목표가 뚜렷했으며 희망에 차 있던 30년'이던 반면 해방 후 환국해 '부산에 첫발을 디디면서 출발한 독립 조국에서의 40여 년 세월'은 '원칙이 없다'고 한탄한 이는 정정화 여사다.

그의 아들 김자동 선생이 바로 '대한민국임시정부 기념사업회'를 이끌고 있다. '대한민국임시정부 대표 격 장손'인 그가 상하이에서 태어날 때 우당 이회영 선생의 며느리 조계진 여사가 산파역을 했다. 김자동 선생과 함께 임시정부 기념관 건립을 추진하는 '대한민국임시정부기념관 건립추진위원회' 이종찬 회장이 우당의 손자로, 이 글 맨 앞머리에 소개한 사진 정중앙의 소년이 바로 그다.

✦ 앞줄 왼쪽 꼬맹이가 김자동 선생이고 그를 안고 있는 분이 정정화 여사다.

예관 신규식
거주지

하비로 309호
임정 청사

백범 김구
거주지

서금2로
최초 임시정부
수립지

조선 민족
영령을
찾아서

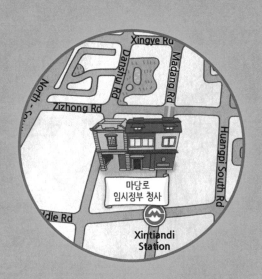

걷는 이가 많으면
그곳이 곧 길이 된다

베이징과 신채호, 이육사

시일야방성대곡과 시일야우방성대곡

'날씨나 분위기가 몹시 스산하고 쓸쓸하다'는 뜻의 '을씨년스럽다'라는 형용사가 있다. 이 말의 어간이 '을사년 → 을시년 → 을씨년'의 변화를 거쳐 지금의 형태로 정착되었다는 사실은 많이 알려졌다. 그럼 을사년乙巳年은 구체적으로 언제일까? 을사늑약 체결로 대한제국의 외교권이 박탈돼 망국이 본격화된 1905년이다.

이 을씨년스러운 시국을 탄식한 대표적인 글이 당시 〈황성신문〉 주필이던 장지연이 쓴 「시일야방성대곡是日也放聲大哭」이다. 이 일로 〈황성신문〉은 일정 기간 발행이 금지된다. 그런데 같은 해 12월 18일, 〈대한매일신보〉에 「시일야우방성대곡是日也又放聲大哭」이라는 논설이 다시 실린다. 마치 〈황성신문〉 발행 정지에 항의라도 하듯 말

이다. 이 글을 쓴 이
가 단재 신채호 선생
이다.

조선에서 문명文名
을 날리던 단재는 베
이징에 정착한 후에

✛ 시일야방성대곡

도 언론인으로서 명성이 자자했다. 1918년 단재는 〈중화보〉와 〈북경일보〉에 논설을 게재하는데, 단재의 글로 〈중화보〉는 판매 부수가 4,000~5,000부 정도가 늘었다고 한다.

그런데 하루는 '큰 사건'이 터진다. 편집자가 단재의 글에서 한 글자를 임의로 뺀 것이다. 그 글자는 문맥상 있어도 좋고 없어도 큰 상관이 없는 '의矣' 자였다. 하지만 단재는 단호했다. 이를 중국 사람들이 조선인을 무시해 벌어진 일이라고 꾸짖고 글쓰기를 그만둔다.

그럼 베이징에서 단재의 생활은 그럭저럭했던가? 아니다. 베이징 시절 단재를 극진히 보살핀 제자 중에 우응규라는 이가 있다. 그는 몰래 단재의 방 돗자리 밑에 돈을 넣어 두곤 했다. 그런데도 단재는 그 사실을 모르고 며칠씩 굶기 일쑤였다. 이를 보다 못한 단재의 벗이 짐짓 방이 더럽다며 꾸짖어 그 돈을 발견하게 유도한다. 변영로의 「단재전」의 기록이다.

내가 더 이상 참을 수 없어서 화난 눈으로 단재를 보며, "돼지우리가 아니고서야 세상에 어찌 이렇게 지저분한 방이 있단 말인가!"라고 하자, 단재가 황급히 일어나 비를 들고 쓸다가 자리 밑에서 돈을 발견하고는 품에 넣으며, '나는 돈을 다 썼다고 생각했는데 아직도 돈이 남아 있구먼."이라고 했다. 마치

✦ 단재 신채호

자신이 저축해 놓은 돈을 깜빡 잊고 있었다는 투였다. 사실 단재가 무슨 저축한 돈이 있었겠는가.

이런 단재의 성품은 종종 '올곧은 의기' 혹은 '대책 없는 고집불통'이라는 극단적 평가를 받는다. 그런데 고집불통이라는 평가가 정당하려면, 단재에겐 신념과 행동의 타당한 기준이 없어야 한다. 그런데 과연 그럴까? 시세에 따라 타인의 의견을 수용하고 자신의 견해를 양보하는 것이 미덕인 만큼, 이익과 손해의 프레임에서 벗어나 옳음과 그름의 원칙을 고수하는 건 답답할망정 존중해야 할 미덕이다.

단재의 강직한 성격을 잘 보여 주는 일 중 하나가 임시정부 혹은 이승만과의 갈등이다. 단재는 이승만의 '외교 독립론'을 통렬하

게 논박한다. "미국에 들어앉아 외국의 위임 통치나 청원하는 이승만을 어떻게 수반으로 삼을 수 있단 말이오. 따지고 보면 이승만은 이완용보다 더 큰 역적이오. 이완용 등은 있는 나라를 팔아먹었지만 이승만은 있지도 않은 나라를 팔아먹은 자란 말이오."

이제는 잘 알려졌지만 당시 미국은 조선 독립에 전혀 관심이 없었고, 자국의 식민지 경영을 위해 일본의 조선 강점을 묵인했다. 1905년 일본 총리대신 가쓰라

✚ 가쓰라 　　　　✚ 태프트

다로桂太郎와 윌리엄 하워드 태프트 육군장관은 '가쓰라-태프트' 밀약을 맺는다. 이 밀약에서 일본이 미국의 필리핀 지배를 인정하는 것을 전제로 미국은 '일본이 한국에 대한 보호권을 확립하는 것이 러일전쟁의 논리적 귀결이며, 극동의 평화에 직접 공헌할 것'으로 인정한다.

1924년에야 공개된 이 조약 내용을 단재가 알 리 없다. 그러나 단재는 이승만을 비판하는 데 대단한 논리가 필요치 않았다. 상식이면 충분했다. 지금 조선이 일본의 지배를 받고 있는데 그 지배를 벗어나기 위해 미국의 지배를 받자는 것이 과연 '독립운동'이냐고 반문했던 것이다. 단재의 판단은 정확했다. '한국의 사망 선고서에

날인'한 것과 같은 이 밀약 직후 일본은 을사늑약을 체결했고, 미국은 가장 먼저 대한제국과 외교 관계를 단절했던 것이다.

나의 인생에 기념할 만한 장관

망국 직전에 망명해 중국 칭다오靑島와 상하이上海, 러시아의 블라디보스토크 등에서 활동하던 단재는 대종교 교주 윤세복의 초청으로 만주로 향한다. 고구려의 첫 수도인 환런현桓仁縣의 동창학교에서 아이들을 가르치기 위해서다. 이때 단재는 '나의 인생에 기념할 만한 장관'을 경험하게 되는데, 고구려의 두 번째 도읍인 지안集安 일대를 답사하며 고대사 연구의 중요한 전기를 마련한 것이다.『조선상고사』에는 그 열정만큼 꼭 반비례해 가난했던 단재의 '활사진'이 또렷하다.

> 그곳에 거주하는 일인日人이 탁본해서 파는 광개토비문을 가격만 물어보았으며, 잔파된 수백 개의 왕릉들 가운데 천행으로 남아 있는 8층 석탑 사면 각형의 광개토왕릉과 그 오른쪽에 있는 제천단을 붓으로 대강 모사하여 사진을 대신하고, 그 왕릉의 넓이와 높이를 발로 밟아 몸으로써 재어 보는 것으로 측척을 대신하였을 뿐이다.

단재는 우리의 고대사를 새롭고 주체적인 시각으로 볼 것을 요구했다. 왜냐하면 과거 우리 역사서는 대부분 중국 사서를 준거로 삼았는데, 중국의 사료는 자신들에게 불리한 역사적 사건을 왜곡하거나 누락시킨 문제가 있기 때문이다.

그럼 어떻게 해야 할까? 우선 가공되기 전의 중국 역사, 선진先秦 시기 사료를 반드시 검토해야 한다. 그리고 후대의 역사서라도 정황상 개연성이 높은 사료는 비록 우리나라 사서에 없는 것이라도 과감하게 채택해야 한다.

✦ 단재가 답사했던 때와 달리 현재 광개토왕릉은 훼손되어 있다.

✦ 단재의 묘사대로 광개토왕릉 동쪽에 제천단 흔적이 있다.

과거 사대적인 역사 서술을 반성하고 주체적인 역사관을 요구한 단재의 '기억의 투쟁'은 그 자체가 곧 독립운동이었다. 이것은 결코 비유가 아니다. 단재의 손으로 만주는 고구려의 고토古土로 '회복'되었고, 망국 후 그곳에서 항일 투쟁에 나섰던 이들을 정신적으로 크게 고무했다. 단재가 '발견'하고 발굴한 우리 고대사는 당대의 현대사와 겹쳐 독립에의 결의와 희망을 한껏 불러일으켰던 것이다.

이상적 조선을 건설할지니라

동창학교가 일제의 방해로 문을 닫자 단재는 '베이징 3걸'로 불리며 교우하게 되는 동지 우당 이회영 선생의 권고로 거처를 베이

✛ 단재는 혹 이곳 환도산성 아래 산성하 고분군에서 탄식을 했을까? ⓒ 동북아역사재단

징으로 옮긴다. 1915년의 일이다. 그때 처음 정착한 곳이 금십방가
錦什坊街다. 이곳 21호를 단재 거주지로 추정하지만 안타깝게도 정확
한 근거는 없다.

　이곳을 답사했을 때 현재 그곳에 거주하는 중국인이 도리어 우
리에게 물었다. 한국인들이 여길 종종 찾는데 도대체 이곳에 누가
살았느냐고. 그래서 나는 유학을 공부했지만 진보적 언론인으로 살
았고, 역사를 연구하면서 동시에 직접 항일 투쟁에 나섰으며, 평생
타국에서 풍찬노숙하다가 뤼순旅順감옥의 차디찬 시멘트 바닥에서
순국한 조선인 단재 신채호가 바로 이곳에 살았다고, 동행한 제자
를 통해 뜨겁게 알려 주었다. 그리고 제자들과 함께 바로 옆 식당에

✦ 단재의 베이징 첫 거주지의 현재 모습이다.

서 만두와 국수로 '헐한' 끼니를 해결했다. 선생도 이 골목 어딘가
에서 만두 몇 개, 국수 한 그릇으로 허기진 배를 채우지 않으셨을까
생각하면서 말이다.

단재가 이회영 선생의 부인인 이은숙 여사의 중매로 박자혜 여
사와 재혼해 신혼생활을 시작한 곳도 여기다. 박자혜 여사는 3·1
만세운동에 적극 참여한 후 중국으로 망명했고 1919년 베이징에
온 후 옌징燕京대학 의예과에서 공부하던 열혈 여성이었다.

단재가 다음으로 옮긴 거처는 초두호동炒豆胡同 내에 있다. 이곳
은 최근 베이징을 찾은 외국인들과 지방에 거주하는 중국인들이
즐겨 찾는 관광지, 난뤄구샹南鑼鼓巷 남쪽 초입에 있다. 선생은 이곳

에서 맏아들 수범을 얻으며 일생 중 인간적 행복을 느꼈을 몇 안 되는 시기를 보냈다. 그러나 행복도 오래가질 못하고 다음해 극도의 가난으로 부인과 아들을 고국으로 돌려보낼 수밖에 없었다. 이것이 이승에서의 마지막 이별일 줄도 모르고 말이다.

이곳 '초두호동炒豆胡同' 은 한국의 독립 운동가이신 단재 신채호 선생이 1921년에 기거하셨던 곳입니다.

这里炒豆胡同是 韩国的解放运动家申采浩(号 丹斋) 在1921年居住的地方。

ChaoDou Hutong is where Korean independence fighter SHIN CHAEHO(Pen name DANJAE) lived in 1921.

· 이 표지판을 훼손하지 말아주세요.
· 请不要损坏此标志.
· Please do not damage this sign

✦ 초두호동 입구에 붙인 표지판

그러나 혼자 남은 단재를 찾아온 이가 있었다. 의열단 의백 약산 김원봉이다. 1922년 의열단은 상하이 황푸黃浦강 부두에서 일본 육군대장 다나카 기이치田中義一를 처단하려다 실패한다. 이 일로 의열단의 투쟁이 테러리즘으로 왜곡된다. 약산은 이를 정면 돌파하기로 결심하고 단재를 찾아가 의열단 투쟁의 정당성을 뒷받침할 선언문 작성을 부탁한다. 그렇게 해서 탄생한 것이 망국 시기 최고의 명문장이자 식민지 시기 일본 관원을 벌벌 떨게 했다는「조선혁명선언」이다.

단재는 이 글의 첫머리를 '강도 일본'으로 시작한다. 그리고 '우리 생활에 불합리한 일체 제도를 개조하여, 인류로써 인류를 압박지 못하며, 사회로써 사회를 수탈하지 못하는 이상적 조선을 건설

✚ 초두호동 내 이 나무만은 단재를 기억하리라.

할지니라.'는 감동적인 문
구로 마무리한다. 우리 독
립투사들이 원했던 해방
된 조국은 바로 그런 나라
였다. 자신의 부귀와 안일
을 위해 다른 사람을 수탈
하고 억압하지 않는 나라,

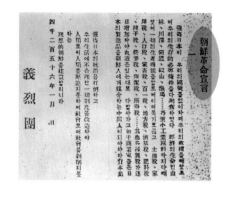

그래서 강한 군사력이나 탄탄한 경제력보다는 '한없이 가지고 싶
은 것은 높은 문화'인 그런 아름답고 성숙한 나라를 꿈꿨다.

단재의 무국적과 원숭환의 추앙

3년간의 베이징 생활을 마무리할 즈음 나는 숙제처럼 남겨졌던
단재의 자취를 마저 찾아 나섰다. 뜻밖의 장소도 있었다. 바로 판다
로 유명한 베이징동물원 내의 창관루暢觀樓다. 이곳은 청나라 말기
황실의 행궁으로 쓰인 고색창연한 건물이다. 이곳에서 1921년 단
재를 비롯한 많은 독립운동가가 모여 청산리대첩 이후 만주의 독
립군 부대를 어떻게 정비하고 통합할지를 논의했다.

중국어로 '후퉁胡同'이라고 불리는 노북경老北京 골목길은 복잡하
기가 이루 말할 수 없다. 개발 전의 봉천동이나 제기동 골목은 그
규모에서 댈 게 아닐 정도로 악명이 높다. 중국 최초의 천주교당이

✦ 창관루

자, 조선 시대 홍대용과 박지원도 방문한 베이징 쉬안우먼宣武門성
당 인근의 골목길 안에 있다는 단재의 또 다른 거주지 석등암石燈庵
을 찾았을 때도 난감하기 이를 데 없었다.

임시정부 쇄신을 위한 국민대표회의가 성과 없이 끝나자 단재
는 상하이에서 베이징으로 돌아온다. 1923년의 일이다. 그때 단재
가 석등암에 머문 것으로 알려져 있다. 그러나 현재 석등암으로 추
정된 곳은 석등암의 일부라는 인근 주민의 증언만 있을 뿐 정확한
근거는 없다. 문 또한 굳게 닫혀 있어 문틈으로 겨우 내부를 볼 수
있을 정도다. 허탈하고 허무하지만 그토록 힘든 시기에도 「조선 고
래의 문자와 시가의 변천」 등을 집필하며 절망조차 사치였을 단재

✦ 석등암 추정지

를 떠올리며 스스로를 다독이고 돌아설 수밖에 없었다.

단재 거주지 중에는 주소는커녕 골목 이름조차 없이 인근의 도교 사원만 확인되는 곳도 있다. 1918년경 거주했던 보타암普陀庵인데, 베이징역 근처 '태평궁에서 운하를 사이에 두고 북쪽에 있었다.'는 식이다. 직접 답사를 해보니 '운하'는 적의 침입을 막기 위해 성 밖을 둘러 파서 만든 물길인 해자였고, 이 해자도 이미 메워져 도로로 변해 있었다. 그리고 그 북쪽에는 고층 건물이 자리 잡았다. 황당한 건 유일한 단서인 태평궁조차 사라져 버렸다는 사실이다. 그럼 이곳을 어떻게 찾을까?

다행히 태평궁 내에 있었다는 '호국태평궁비'라는 비석만은 남아 있어 태평궁의 위치를 확인할 수 있었다. 그곳에서 단재가 한때 거처했다는 곳을 향해 셔터를 누르는 건 맥 빠지는 일이었다. 하지만 베이징에서 언론인으로 크게 활약하며, 무장투쟁을 강력히 주장함으로써 베이징을 또 하나의 항일 투쟁의 거점으로 자리매김한 단재 선생이 걷던 곳을 걸어보는 것만으로도 충분히 뿌듯했다.

보타암 인근에는 단재처럼 망국 직전의 나라를 위해 자신을 송두리째 바쳤던 한 인물의 묘소가 있다. 명나라 최후의 명장이자 충신이며 그래서 비극적인 최후를 맞이할 수밖에 없었던 원숭환袁崇煥이다. 청나라와의 전쟁에서 거의 유일한 승리를 거두었던 그의 용맹과 실

✚ 호국태평궁비

력은 그러나 무능한 명나라 황제에겐 위협이었고, 그는 3,600번 살이 도려지는 형벌을 받고 죽는다.

✚ 이곳 어디에 단재가 살았단 말인가!

단재의 죽음도 그에 못지않다. 쉰 살 가까운 나이로 직접 행동에 나섰던 단재는 뤼순감옥에 갇혔고, 그 추운 겨울 타국에서 외롭게 순국했다. 경성에서 뤼순까지 먼 길을 찾아온, 그리도 그리워하던 아내와 아들을 못 알아보고, 결국 가족이 감방에서 쫓겨난 시간에 홀로 숨을 거둔 것이다.

원숭환 묘소를 찾았을 때 한 쌍의 젊은이가 묘 앞을 쓸고 있었다. 후미진 곳이라 일부러 찾지 않으면 이런 데가 있는지조차 알 수 없는 곳에 찾아와 술 한 잔 올리고 청소를 하는 것이다. 후손은 아니라고, 다만 덕을 쌓으면 복을 받으니 청소를 한다는 그녀의 말에 사씨 집안 이야기가 떠올랐다. 원숭환의 부하였던 사씨는 효수된

✦ 원숭환 묘소

상관의 시신을 수습해 장사지낸다. 목숨을 걸고 한 일이다. 그러곤 후손에게 자신을 원 장군 곁에 묻어 주고, 대가 끊긴 장군의 제사를 대신 지낼 것을 유언한다. 후손은 그 당부를 지켰다. 자그마치 400년 세월이다.

그럼 우리는 단재를 어떻게 대접했나? 망국 직전 망명했던 단재는 망한 나라에 유골로 돌아왔다. 고향 선산에 '암매장'되었던 건 시절의 탓이라 해도 해방된 대한민국에서 오랫동안 무국적자로 지하에 누워 있어야 했다. 단재의 국적은 2009년 3월, 서울가정법원이 단재 신채호 선생 등 독립운동가 62명의 가족관계등록부 창설 허가를 결정하면서 회복된다. 이를 위해 오래 애쓴 분이 시아버지 단재를 한 번도 뵙지 못한 며느리 이덕남 여사다. 그녀는 베이징의 한인거주지 왕징望京에서 빵집을 하며 어려운 형편에도 독립운동 답사객들을 후원한단다. 베이징에서 근무한 첫 해, 첫 달에 제자를 통해 전해 들은 이야기다.

청포도가 익어 가는 것처럼 우리 민족이 익어 간다

베이징에 오는 한국인들이 전갈이나 해마 꼬치를 먹으며 여행의 즐거움을 느끼는 곳, 베이징의 명동으로 불리는 왕푸징王府井 북쪽 입구 동창호동東廠胡同. 이곳에는 잊어서도 안 되고 잊힐 수도 없는 한 분의 순국처가 있다. 시인이자 항일 독립투사인 이육사 선생

✦ 동창호동 28호

이다. 선생은 당시 조선 경성에서 체포된 후 베이징으로 이감되었고 베이징 일본총영사관 내 헌병대 지하 감옥에서 옥사했다. 훗날 육사의 동생들이 여섯 살 꼬맹이 육사의 따님을 껴안고 '우리 형님이 일 년만 더 사셨으면⋯.' 하며 통곡했던 이유는 육사 순국일이 해방을 일 년 반여 앞둔 1944년 1월 16일이기 때문이다.

현재 동창호동 1호에는 중국사회과학원이 자리하고 있다. 그런데 육사의 시신을 수습한 이병희 여사가 육사와 함께 잡혀 있던 곳은 동창호동 28호로, 맞은편 건물이다. 연구자들의 추정에 따르면 애초 이곳 동창호동 1호는 큰 규모의 정원을 갖춘 건물군이었을 텐데 이후에 분할되었단다.

육사의 순국일을 며칠 앞두고 다시 찾은 이곳에서 한 중국인 할머니의 귀한 증언을 들을 수 있었다. 동행한 교민 십여 분에게 설명을 하고 있는데, 당신이 이곳에 살고 있다며 우리에게 '생생한' 이야기를 들려주었다. 할머니는 1966년 문화혁명이 시작되던 해부터 이곳에 살았다고 한다. 그런데 그전에 살던 사람으로부터 이곳 지하 감

✚ 육사 순국처에서 증언하는 할머니

옥에서 한국 사람들이 고초를 겪고 죽기까지 했다는 이야기를 들었다는 것이다.

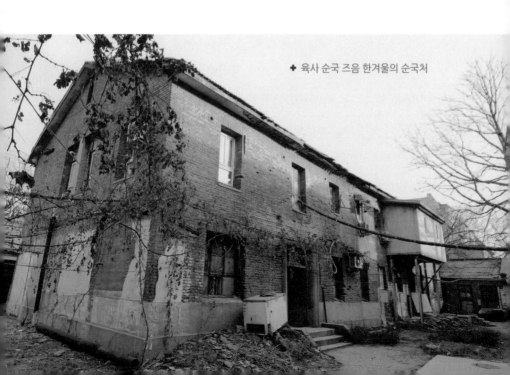

✚ 육사 순국 즈음 한겨울의 순국처

그러면서 이곳이 빨리 기념관이 되면 좋겠단다. 한국 사람들이 종종 찾아오는데, 지금은 다 허물어진 상태로 방치돼 있고 또 사람들도 살고 있어 둘러보기 불편하지 않느냐는 것이었다. 중국인 할머니의 말씀이 작년에 이곳을 처음 답사했을 때의 한 장면과 오버랩 되며 눈시울이 뜨거워졌다. 여름에 이곳을 찾았을 때 지하 감옥으로 쓰이던, 그래서 육사가 고문으로 엉망이 된 몸으로 마지막 숨을 거두었을 건물 입구에 덩굴이 걸쳐 있었다. 그런데 그건 놀랍게도 포도 덩굴이었다.

자연스럽게 육사의 대표작 「청포도」가 떠올랐다. 우리나라 사람이라면 누구나 배웠고 즐겨 암송하는 이 작품을 육사 또한 특별히 생각했던 것 같다. 육사는 「청포도」에 대해 이렇게 말한 적이 있다. "어떻게 내가 이런 시를 쓸 수 있었을까? '내 고장'은 '조선'이고,

✦ 육사 순국처의 포도 덩굴

'청포도'는 우리 민족인데, 청포도가 익어 가는 것처럼 우리 민족이 익어 간다. 그리고 곧 일본도 끝장난다."

이 시에 등장하는 '칠월'은 육사에게 특별했던 것 같다. 「연인기」라는 글에 '나는 내 고향이 그리울 때나 부모 형제를 보고 싶을 때는 이 인장을 들고 보고 7월장을 한번 외워도 보면 속이 시원하였다.'라는 구절이 보인다. 그리고 어머니 회갑 때는 육사 형제들이 '빈풍 7월장'을 쓴 병풍을 어머니께 선물하기도 했다. 차디찬 감옥에 열일곱 번이나 갇혔던 육사에게 칠월은 유년의 충만함이 깃든 고향 마을과 마음의 고향인 어머니를 환기하는 계절이었으리라.

+ 청소부가 전해준 안내문

그런데 육사 순국처에서의 감동은 여기에서 끝나지 않았다. 광복 70주년을 맞아 '베이징의 기억, 교민의 노래'라는 행사를 기획했을 때 일이다. 프로그램의 일환으로 베이징 항일 유적지 답사의 마지막 일정으로 육사 순국처를 다시 찾았다. 이곳이 한국의 위대한 시인이자 항일 투사의 순국처임을 한글, 중국어, 영어로 설

+ 표지판을 붙이는 아이들

명한 안내문을 붙이고 있는데 중국 청소부가 손짓을 했다. 무슨 일인가 싶어 가보았더니 이전에 붙여 두었던 안내문을 내게 건네주는 것이다.

구할 수 있는 가장 강력한 양면테이프를 썼어도 하루 붙어 있으면 다행이라고 생각했던 그 안내문이, 육사의 이름을 생전 처음 읽어 보았을 중국인을 통해 전해지니 왈칵 눈물이 솟았다. 이 골목을 오래 청소했을 그이가 이육사 선생을 통해 이곳을 항일 투쟁의 잊을 수 없는 공간으로 기억하리라고, 그 마음의 안내문은 결코 떨어지지 않으리라고 확신했다.

원록으로 태어나 육사로 살다

우리는 교과서에서 육사를 「청포도」와 「절정」의 시인으로만 배웠다. 무턱대고 저항 시인이라고 암기하기만 했지 육사가 어떤 저항의 삶을 살았는지는 알지 못한다. 고국에서 육사가 겪은 고초는 다음 기회에 다루기로 하고 여기서는 중국에서의 항일 무장투쟁에 대해서만 살피자.

육사는 1932년 석정 윤세주의 권유로 난징南京의 조선혁명군사정치간부학교에 입교한다. 약산 김원봉이 장제스蔣介石 총통의 지원을 받아 개교한 이 학교에 육사는 제1기생으로 입교해 군사훈련을 받은 것이다. 육사가 그저 항일 의식을 작품으로 형상화한 시인만

✚ 천녕사, 조선혁명군사정치간부학교 제3기생의 숙소였던 곳이다.

은 아닌 것이다. 간부 훈련을 마친 육사는 상하이를 거쳐 조국으로 들어간 후 수차례 독립운동 혐의로 구속 수감되는 등 치열한 항일 투쟁을 전개한다.

그런데 시인 이육사에게 항일 투쟁의 길을 권한 석정 윤세주는 누굴까? 그는 '조선의용대의 영혼'이라 불리며 약산과 함께 민족혁명당, 조선의용대를 이끌다 타이항산에서 장렬하게 산화한 우리 독립운동사의 또 하나의 별이다. 석정에 대해서는 따로 이야기할 기회가 있을 것이다. 두 사람 사이에는 진한 인연과 우정이 있었다. 육사의 「연인기戀印記」 일부다.

나는 상해를 떠나 조선으로 돌아오게 되었고 언제 다시 만날는지도 모르는 길이라 그곳의 몇몇 교우들과 특별히 친한 관계에 있는 몇 사람이 모여 그야말로 최후의 만찬을 같이하게 되었는데 그중 S에게는 나로부터 무엇이나 기념품을 주고 와야 할 처지였다. (…) 꼭 목숨 이외에 사랑하는 물품이래야만 예의에 어그러지지 않을 경우이라, 하는 수 없이 그 귀여운 비취인翡翠印 한 면에다 '증贈S. 一九三三. 九. 一○.陸史'라고 새겨서 내 평생에 잊지 못할 하루를 기념하고 돌아왔다.

자신이 아끼던 도장에 기념이 될 만한 문구를 새겨 선물했다는 것이다. 식민지 청년으로서 혁명가의 길을 가는 두 사람이 언제 다시 만날 수 있을지 모를 때, 그 도장 보기를 나 보는 것처럼 하라는

✦ 윤세주의 고향 밀양 해천가에 그려진 그의 모습이다.

곡진한 뜻이 여기 들어 있다. 어린 시절의 추억도 한몫했을 것이다. 집 안에 있던 몇 개의 도장 재료를 육사 형제들이 탐낼 때마다 할아버지는 "장래에 어느 놈이나 글 잘하고 서화 잘하는 놈에게 준다."고 하셨단다. 그래서 놀고 싶은 것을 꾹 참고 공부했노라고 육사는 회고한 적이 있다.

교과서에도 소개된 것처럼 육사의 본명은 이원록이다. 그런데 어릴 때는 이원삼이라고도 불렸다. 필명으로는 이활과 널리 알려진 이육사가 있다. 이활이라는 이름은 육사가 글을 발표하기 시작한 1920년대 말부터 1935년 이후까지 꾸준히 썼다. 참고로 육사가 최초로 발표한 시 「말」의 필명이 이활이다.

추가로 검토가 필요한 것은 '李陸史이육사'의 한자 표기 변천 과정이다. '이육사'라는 이름은 1930년 한 잡지에 처음 등장한다. 정확히는 '大邱 二六四 대구 이육사'라고 썼다. 육사는 이

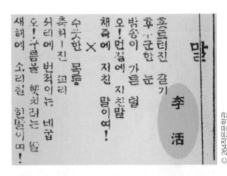

글을 발표하기 전인 1927년 장진홍 의거 사건으로 체포 구속되는데, 그때의 수인 번호가 64번, 혹은 264번이었기에 이를 필명으로 썼다는 것이 지금까지의 설명이고 다들 그렇게 알고 있다. 하지만 이게 다는 아니다.

'육사'의 표기가 처음부터 '陸史'였던 것은 아니기 때문이다. 1932년 발표한 한 글에는 '고기를 먹고 설사하다'는 뜻의 '肉瀉'로 표기돼 있다. 우리가 알고 있는 '陸史'는 난징의 간부학교에 입학할 때 처음 등장한다. 그리고 '戮史', 즉 '일본 역사를 도륙하다' 정도로 풀이되는 표기도 있다. 이와 관련한 흥미로운 이야기가 전한다.

장진홍 의거로 수감된 후 풀려나오자 이번에는 다시 광주학생 항일 투쟁 1주년과 관련한 격문이 대구에 붙게 되고 이 사건으로 육사는 다시 체포된다. 6개월의 옥고를 치른 육사는 요양을 위해 당시 영일군, 현재 포항시에 있는 집안 아저씨 이영우를 찾아간다.

하루는 육사가 매화를 한 폭 그리고 '戮史육사'라고 관서한다. 그러자 한학에 조예가 깊었던 이영우는 글자의 의미가 노골적이라 위험하다며, 같은 의미면서도 뜻을 굽히지 않을 수 있는 '陸史'를 쓰라고 권한다. 일본이나 조선의 옥편과 달리 원본에 해당하는 중국 옥편에만 '陸' 자에 '땅'이라는 뜻 말고도 '도륙하다'는 뜻이 있다는 게 이유였다.

육사는 조선으로 잠입하기 전 상하이에 잠깐 머무는데, 그때 루쉰魯迅을 우연히 만난다. 루쉰은 당대 중국에서 가장 존경받는 문인

이자 혁명가였다. 이때의 짧은 만남이 같은 길을 가는 육사에겐 무척 인상적이었던 것 같다. 육사는 훗날 그의 소설을 번역하기도 하고 그의 서거 소식을 듣고는 「루쉰추도문」을 연재하기도 했던 것이다. 어쩌면 나라 잃은 식민지 젊은이 육사에게 루쉰의 「고향」 일절이 절망의 시대에 강력한 희망으로 기억되었기 때문일 수도 있다.

희망이란 본래 있다고도 없다고도 할 수 없다. 그것은 마치 땅 위의 길과 같다. 본래 땅 위에는 길이 없었다. 걷는 이가 많으면 그곳이 곧 길이 된다.

북이 운다, 종이 운다,
베이징의 겨울밤에

베이징, 톈진과 이회영, 김산

대륙의 도시 베이징의 겨울밤

임진왜란 당시 순국한 백사 이항복의 후손이자 내리 열 명의 정
승을 배출해 상신록相臣錄을 보유한 경화세족, 한양의 꽤 괜찮은 기
와집 한 채 값이 천 원 하던 시절 급히 처분하느라 제값을 받지 못
하는 때에도 망명 자금 40만 원을 마련한 대부호, 망국 직후 6형제
와 딸린 가솔 전부가 망명길에 오른 항일 명망가, 우당 이회영 선생
집안이다.

나라는 잃었어도 기득권은 유지할 수 있었을 우당이 형제들과
가족을 이끌고 간 곳은 서간도다. 북간도와 달리 독립운동의 터전
과 바탕이 거의 없는 그곳에 독립운동 기지를 건설하고 이주 동포
들의 삶의 터전을 닦기 위해서다. 우당은 신흥무관학교를 설립해

✦ 우당 6형제

독립투사를 길러 냈는데, 신흥무관학교 출신들은 이후 치열하게 전
개된 수많은 항일 무장투쟁의 최선봉에 섰다. 지금의 대한민국과
조선민주주의인민공화국이 우당 집안에 큰 빚을 졌다고 감히 말할
수 있는 이유다.

　만주 지역에서 십여 년이나 독립군 양성에 힘썼던 우당은 1919년
임시정부 수립에 참여하기 위해 상하이로 향한다. 하지만 임시정부
내의 파벌 싸움과 '준비론'과 '외교론'으로 포장된 무지하고 무용한
독립투쟁 노선에 염증을 느끼고 베이징에 정착한다. 우당의 초기 거
주지 중 한 곳은 베이징 구러우鼓樓 동쪽에 위치한 후고루원호동後鼓

✚ 구러우鼓樓과 중러우鐘樓

樓園胡同이다.

　이때 우당의 거처는 많은 독립운동가들의 사랑방 같았다고 한다. 우당의 아들 이규창은 '그 당시 국내에서 맘을 품은 인물, 즉 청년들은 중국 베이징에 오면 반드시 나의 부친을 뵙게 되고 대체로 우리 집에 거주하게 된다.'라고 회고한 적이 있다. 하지만 지금은 골목 이름만 확인될 뿐, 우당과 독립투사들의 항일 의기가 북과 종처럼 울려 퍼졌을 집 주소는 알 길이 없다.

　다만 반가운 기록이 남아 있다. 우리에겐 『상록수』의 작가로 알려진 심훈도 이때 우당을 찾아뵈었다. 그리고 당시 남긴 것으로 추정되는 시도 전해진다. '눈은 쌓이고 쌓여 / 객창을 길로 덮고 / 몽고바람 씽씽 불어 / 왈각달각 잠 못 드는데 / 북이 운다, 종이 운다 / 대륙의 도시 북경의 겨울밤에' 시구 중 '북이 운다, 종이 운다'는 구절을 통해서도 우당의 거처가 구러우와 중러우 근처였음을 짐작할 수 있다.

이후에도 우당은 여러 차례 거처를 옮긴다. 이유가 뭘까? 가난했기 때문이다. '일주일에 세 번 밥을 지어 먹으면 재수가 대통한 것'이며 베이징의 제일 하층민들이 먹는 '짜도미雜豆米'로 쑨 죽 한 사발로 끼니를 때우는 때가 많았다고 회고한 이는 후고루원호동의 '호시절'을 회억했던 이규창 선생이다.

골목 이름으로만 남은 우당의 다른 거주지를 찾는 과정은 지난했다. 그런데 막상 답사를 하고 보니 우당이 그리

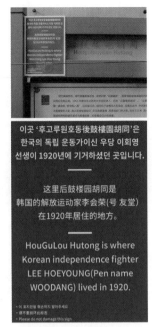

이곳 '후고루원호동後鼓樓園胡同'은 한국의 독립 운동가이신 우당 이회영 선생이 1920년에 기거하셨던 곳입니다.

这里后鼓楼园胡同是 韩国的解放运动家李会荣(号 友堂) 在1920年居住的地方。

HouGuLou Hutong is where Korean independence fighter LEE HOEYOUNG(Pen name WOODANG) lived in 1920.

◆ 후고루원호동 표지판

넓지 않은 구역에서 거처를 계속 옮겼다는 사실을 확인할 수 있었다. 즉 특별히 더 나은 주거지로 이주한 게 아니라는 말이다. 고만고만한 이들이 사는 가난한 동네에서도 한곳에 정착하지 못하고 여러 곳을 전전했을 만큼 우당의 베이징 생활은 힘겨웠다.

우당의 또 다른 거주지가 있던 소경창호동小經廠胡同에 이은 베이징 마지막 거처는 최근 '핫 플레이스'로 뜨고 있는 난뤄구상南鑼鼓巷 내에 있다. 앞서 소개한 단재 거주지에서도 멀지 않은 곳으로 모아호동帽兒胡同이다. 주소를 확인하고 대문을 들어섰을 때 좌우로 달린

수십 개의 전기 계량기가
눈에 들어왔다.

안으로 들어가 집 구조
를 자세히 살펴보니 우선
집을 동서로 양분하고 이
를 다시 수십 개의 작은 방
으로 나눴다. 자금성이 지
척인 이 집은 원래 황족이

✛ 소경창호동

나 고관의 집이었으리라. 청나라 마지막 황후 완용婉容의 옛집도 인
근에 있으니 크게 어긋나지 않은 추측일 것이다. 시간이 흘러 하나
의 공간은 잘게 쪼개져 가난한 이들의 보금자리가 되었을 터, 이곳

✛ 모아호동

157

어느 귀퉁이에서 우당이 고단한 몸을 뉘였다고 생각하니 부질없는 상념에 머리가 어지러웠다. 망해 버린 조국이지만 망명하지 않았다면 우당은 그 집 전체보다도 더 크고 좋은 집에서 살 수 있었을 거라는. 이때를 아프게 기억하는 또 한 사람이 있다.

쌀이 없어 하루 종일 밥을 못 짓고 밤이 다 되었다. 때마침 보름달이 중천에 떴는데, 아버님께서 시장하실 텐데 어디서 그런 기력이 나셨는지 무슨 곡인지는 모르지만 하도 처량하여 눈물이 절로 난다고 하며 퉁소를 부시니 사방은 고요하고 달빛은 찬란한데 밥을 못 먹어서 배는 고프고 이런 처참한 광경과 슬픈 일이 어디 있겠는가.

어느 가난한 집안 며느리의 수심 가득 찬 목소리가 처량하다. 어느 때 어느 곳이나 있음직한 사연이다. 특별할 것도 없다. 그러나 이 글을 감싸고 있는 이야기는 결코 잊어선 안 된다. 바로 베이징에서 시아버지 우당께 밥을 못 해드려 노심초사하는 며느리 조계진의 목소리이기 때문이다. 그녀는 조선의 마지막 왕이자 대한제국 첫 황제의 조카다.

마지막으로 우당의 자취가 남은 베이징 명소 한 곳을 더 소개한다. 바로 베이징대학이다. 현재 베이징대학은 중국의 실리콘밸리라 불리는 중관춘中關村에 위치하지만 과거에는 징산景山공원 동쪽에 자리 잡고 있었다. 이곳은 건물의 대부분이 붉은 벽돌로 지어졌기

에 '베이다홍러우北大紅樓'라고도 불린다.

　이곳에 중국 근대의 대표적 문호인 루쉰魯迅이 교수로 재직할 당시 우당이 그와 함께 사상 문제를 논의했다고 한다. 아름다운 인연은 이어지기 마련일까. 2003년 두 분의 손자가 한국에서 재회한

✚ 루쉰이 베이징대학에서
　가르쳤던 교실을 복원 전
　시하고 있다.

다. 우당의 손자인 이종찬 우당 장학회 이사장과 루쉰의 손자인 저우링페이周令飛 '루쉰문화 발전센터' 주임이 노무현 전 대통령 취임식 당시 만난 것이다.

✦ 이종찬, 저우링페이의 만남

이런 처참한 광경과 슬픈 일이 어디 있겠는가

우당은 1926년경 베이징에서 톈진天津으로 이주한다. 우당의 어려운 처지를 알게 된 오랜 벗의 배려 덕분이었다. 우당이 살던 당시 톈진은 상하이와 마찬가지로 열강의 조계가 설치되어 있었는데, 도시를 관통하는 하이허海河 양옆으로 각 나라의 조계가 맞닿아 있었다. 우당이 처음 자리 잡은 곳은 당시 프랑스 조계 내의 대길리大吉里다. 상하이의 임시정부가 프랑스 조계 내에 위치한 것처럼 일본 경찰의 감시를 피할 수 있었기 때문이다. 하지만 자금 지원이 끊기면서 우당은 다시 곤궁한 생활을 감당해야 했다.

톈진의 프랑스 조계 지역은 현재 당시의 정경이 거의 남아 있지 않다. 그래서 우당이 처음 머물렀던 대길리 거주지 또한 알 수 없다. 다만 프랑스 행정기관이었던 法国工部局법국공부국 등의 건물이 남아 있어 이곳 인근이 프랑스 조계였음을 확인할 수 있을 뿐이다.

✚ 우당 거주 당시 톈진의 조계 지도

✚ 프랑스공부국 건물

그런데 뜻밖에도 일본 조계지였던 곳
에서 우리와도 인연이 남다른
건물을 한 채 발견할 수
있었다. 조선은행 톈
진 지점이다. 현재 화
폐박물관으로 활용되
고 있는 명동의 한국은
행 본관 건물이 바로 식민지 시기
조선은행 본점이었다. 조선은행은
외국에도 분점을 두고 있었는데 중
국에 설립한 네 곳의 분점 중 하나
가 바로 톈진 지점이었던 것이다.

✚ 조선은행 톈진 지점

그리스 고전주의 건축 양식을 본떠 설계되었다는 이 3층짜리 건물
은 지금도 건재하다. 일제의 조선 수탈이 얼마나 강력하고 철저했
는지 몸서리쳐지지 않을 수 없다.

　우당이 다시 이주한 곳은 대흥리大興里인데, 이곳에는 가난과는
다른 종류의 고난이 기다리고 있었다. 우당이 동양척식주식회사에
폭탄을 던진 나석주 의사 의거 배후로 지목돼 일경에게 쫓긴 것이
다. 당시 환갑을 넘긴 우당은 일본 관원을 피해 무전여행無錢旅行으
로 상하이로 떠났고, 동행할 수 없었던 두 딸은 톈진 빈민구제원에
맡길 수밖에 없었다.

✛ 진탕차오

　사태가 진정된 후 우당이 톈진으로 돌아와 정착한 곳은 빈민가 중 하나였던 샤오왕좡小王莊이다. 우당의 상황을 전해 들은 아내 이은숙 여사는 급히 10원을 마련해 송금하는데, 앞서 소개한 조선은행을 통해서다. 이때 우당의 거주지 인근에는 진탕차오金湯橋라는 다리가 있어 지금도 그 대략의 위치는 짐작할 수 있다. 우당이 겪은 참혹함을 우리는 짐작조차 할 수 없지만 100년이 넘은 이 철제 다리만은 똑똑히 기억하고 있으리라.

　우당이 망국 직후 형제들을 설득해 집안사람 모두 만주로 망명한 건 일신의 편안함이나 섣부른 조국 해방의 기대 때문은 아니었을 것이다. 그것이 옳은 일이라면 설사 성공이 보장되지 않고 고난

✛ 톈진의 야경

이 따른다 해도 실행해야 한다는 것이 선생의 배움이었으리라. 하지만 우당의 결단이 가져온 고초가 너무도 참혹했음을 톈진 곳곳에서 확인하다 보니 아름다운 톈진의 야경도 눈에 들어오지 않았다.

물속의 소금

톈진에서 꼭 가보고 싶었던 곳, 그리고 그곳과 관련해 반드시 기억해야 할 인물이 한 명 더 있다. 지금이야 사정이 달라졌지만 1970년대까지만 하더라도 세계에서 가장 널리 읽힌 한국 책 『아리

랑』의 주인공이자, 열여섯 살 때 독립운
동에 헌신하고자 길을 떠났던 조숙한 소
년, 떼를 쓰고 엉엉 울어 항일 무장투쟁
의 산실 신흥무관학교에 입학한 최연소
독립투사, 바로 김산이다.

그는 그야말로 '불꽃같은 삶'을 살았
다. 신흥무관학교 졸업 후 대한민국임시
정부와 의열단에서 활동하고 이후 중국
혁명 과정에도 적극 참여한다. 왜냐하면
그것이 곧 조선의 독립을 위한 지름길이
라고 믿었기 때문이다. 그러나 중국 혁명

✦ 1931년 톈진 일본영사관
에서 찍은 사진으로, 張志鶴
장지학이라는 본명과 張志樂
장지락 등의 가명이 보인다.

은 생명까지 바쳐야 하는 극도의 소모전이고, 그 결과는 조선 독립
역량의 완전한 손실이라는 사실을 차츰 깨닫게 된다. 즉 '물속의 소
금'으로 사라지길 원치 않았던 조선의 젊은이 중 한 명이 김산이었
던 것이다.

김산은 베이징에서 활동하던 당시 두 번 체포되는데 두 번 모
두 톈진 일본영사관을 거쳐 조선으로 압송된다. 호송 당시 그가 일
본 사복경찰에게 가사를 써준 노래가 있다. '아리랑'이다. 그는 이
노래를 '죽음과 패배의 노래'라고 명명했다. 그리고 자신의 고단했
던 혁명 과정을 회상하며 나지막이 노래를 부른다. 이때 자신의 최
후를 예감했던 것일까. 그는 중국 혁명의 성지 옌안延安에서 바다에

✦ 〈길림신문〉에 연재된 「불멸의 발자취」에 이곳이 톈진 일본영사관으로 소개돼 있지만 재고의 여지가 있다.

던져진 한 줌의 소금으로 사라지고 말았다.

'죽음과 패배'의 공간 옌안은 그러나 우리가 그를 기억할 수 있게 한 우연과 행운이 겹친 장소이기도 하다. 조선인 독립투사들이 중국 혁명 세력과 대등한 관계에서 항일 투쟁에 나설수 있도록 협상하기 위해 옌안으로 향했던 김산은 우연히 헬렌 포스터 스노라는 미국 여성 작가를 만난다. 그녀는 훗날 마오쩌둥毛澤東이 '내 전기는 이 책으로 대신한다.'고 격찬한 『중국의 붉은 별』의 저자 에드거 스노의 아내다.

그녀에게 김산은 중국의 대표적 혁명가들과 견주어도 결코 부족하지 않을 열정과 비전을 가진 항일 투사였다. 그녀는 곧 그에게

✦ 김산과 님 웨일즈는 루쉰예술학원 도서관을 인연 삼아 만난다.

매료되고 스무 차례 만나 이야기를 나눈다. 그리고 그녀는 김산의 암호로 가득 찬 일기까지 참고해 님 웨일즈라는 필명으로 한 권의 책을 쓴다. 『The Song of Arirang』이다.

백의민족을 위해 분투하는 인간으로 길러 주시오

님 웨일즈를 통해 김산은 글로 남았지만, 그가 어떻게 죽었는지는 지금도 정확히 알려져 있지 않다. 철들기도 전에 집을 떠나 자신의 일생을 항일 투쟁에 바쳤던 그는 일본 스파이라는 죄목으로 비밀리에 처형되었다. 그 기막힌 억울함을 벗기기 위해 김산의 삶을 기록했던 님 웨일즈와 그의 외아들은 오랫동안 애를 쓴다. 그 결과 46년 만에 중국 공산당 중앙위원회 조직부의 공식 발표로 김산이 복권된다.

대한민국 정부 또한 2005년 그에게 건국훈장을 추서하고, 2008년 대한민국 정부 수립 60주년 기념식에 김산의 아들을 초청한다. 유복자 아닌 유복자로 살아온 그가 태어난 순간, 아버지 김산이 보낸 편지 한 구절이 다시 우리 가슴을 친다. '아이가 크면 백의민족을 위해 분투하는 인간으로 길러 주시오.' 그래도 회한이 남았던지 님 웨일즈는 영면 직전 김산의 아들에게 편지를 보낸다. 글로나마 그의 삶을 위무하고 싶었을까.

'그는 자신의 조국을 정말 사랑했습니다. 그는 조국 민중의 투쟁을 직접 나서서 돕지 못하는 것을 한스럽게 생각했습니다. 그는 노회한 공산주의자는 아니었습니다. 그는 그런 부류의 사람과는 다릅니다. 하지만 그는 누구보다도 뛰어났습니다.'

그러나 베이징대학, 아름다운 호수가 내려다보이는 언덕에 자리 잡은 에드거 스노의 묘를 찾았을 때, 왠지 한없이 억울한 생각이 들었다. '중국 인민의 미국인 친구 에드거 스노'라는 묘비석의 문구가 부럽고 서러웠다. 김산을 비롯한 조선의 혁명가들이야말로 항일 시기 중국 인민의 가장 가까운 벗이 아니었던가.

베이징의 명동이라 불리는 왕푸징王府井에는 그가 활동하고 공부했던 장소가 여전히 남아 있다. 앞서 소개한 이육사 순국처 인근

✚ 에드거 스노 묘, '埃德加·斯諾'는 에드거 스노의 중국어 표기다.

에는 중화성경회中華聖經會가 있다. 이곳은 베이징 유학생을 중심으로 발족된 고려기독청년회의 화합 장소이자 김산이 '금강산에서 온 붉은 승려' 운암 김성숙 선생을 처음 만난 곳이기도 하다. 인근

✚ 중화성경회

✚ 협화의학원

에는 그가 혁명가로서 살아가기 위한 준비의 하나로 의학을 공부
했던 협화의학원協和醫學院도 당시 모습 그대로 건재하다.

　김산은 중국 혁명에 적극 참여하며 광저우廣州의 중산中山대학에
서도 의학을 공부한다. 그러나 그는 곧 정치학으로 전공을 바꾼다.
사람의 몸을 고치는 것으론 민족 전체를 구할 수 없다는 판단 때문
이었을까. 일본에서 의학을 공부하던 루쉰이 문학으로 전공을 바꿔
중국인의 의식을 개조하려던 것은 기억하고 높게 평가하는 우리가
잊고 있는 역사의 한 자락이다.

　상상은 우연으로 이어지게 마련일까. 추사 김정희의 베이징 자
취를 밟던 중 나는 그의 스승 초정 박제가와 깊게 교우했던 기효람
紀曉嵐의 옛집을 답사한 적이 있다. 그런데 그곳 마당에 세워진 표지

✦ 기효람 옛집 뜰

석을 통해 이곳이 1920
년대 말부터 1930년대
초 중국 공산당의 비밀
회합 장소로 쓰였다는
사실을 알게 되었다. 그
시기는 바로 김산이 중
국 공산당 베이징 조직부장으로 활발하게 활동했던 때다.

물론 이곳이 김산과 직접 관계가 있다는 어떠한 증거도 없다.
하지만 나는 해사한 초여름 햇살이 난만한 열미초당閱微草堂 뜰에서
잠시 '불꽃'으로 살았던 김산을 떠올렸다. 추사의 스승 초정 또한
자잘한 '개혁'이 아닌 전면적 '혁명'을 꿈꾸었으니 우연치고는 참
묘하다. 둘의 혁명은 모두 실패했다. 그러나 두 사람의 한계는 결코
실패나 패배와 동의어가 아니다. 왜냐하면 김산은 다음과 같이 고
백하고 있기 때문이다.

> 내 전 생애는 실패의 연속이었다. (…) 나는 단 하나에 대해서만 – 내
> 자신에 대하여 – 승리했을 뿐이다. 그렇지만 계속 전진할 수 있다는
> 자신을 얻는 데는 이 하나의 작은 승리만으로도 충분하다.

3
진리의 그늘 밑에
길이길이 잠들라, 불멸의 영령!

타이항산과 김학철

조지 오웰과 김학철

초등학교, 혹은 중학교 때 권장 도서 목록에 꼭 포함되어 있던 조지 오웰의 『동물농장』을 한 번쯤은 접해 보았을 것이다. 동물이 주인공인 이 작품이 단순한 우화가 아니라 심각한 정치 풍자소설이라는 사실도 이제는 많이 알려졌다. 그의 마지막 작품 『1984』는 그가 1948년 디스토피아적 절망에서 썼다는 것도 유명한 이야기다.

그런데 조지 오웰이 이 두 작품을 쓰기 전 집필한 르포르타주에 대해서는 잘 모른다. 『카탈로니아 찬가』, 이는 작가가 스페인 내전에 직접 참전한 경험을 바탕으로 쓰였다.

천재 화가 파블로 피카소의 '게르니카', 노벨 문학상 수상자 어니스트 헤밍웨이의 『누구를 위하여 좋은 울리나』, 보도사진의 전설 로버트 카파의 '어느 공화파 병사의 죽음'의 공통점 또한 1936년 발발한 스페인 내전을 소재로 한다는 점이다.

이 전쟁은 제2차 세계대전의 전초전 성격이 짙다. 독일과 이탈리아가 히틀러, 무솔리니 두 파시스트에 의해 장악된 이후 스페인에서도 프랑코라는 파시스트가 민주주의를 파괴하는 쿠데타를 일으킨다. 이에 위기를 느낀 전 세계 젊은이들이 국제 여단을 만들어 스페인 민주주의를 위해 싸운다. 이를 위대한 작가들이 기록문학 - 회화 - 소설 - 사진으로 기록, 증언했던 것이다.

그런데 이와 비슷한 시기에 식민지 조국을 떠나 국제 여단 성격의 조선의용대 '마지막 분대장'으로 중국 타이항산太行山에서 항일 무장투쟁에 나섰던 우리의 독립투사에 대해 들어 본 적 있는가? 목을 관통당하는 치명상을 입었던 조지 오웰처럼, 이분 또한 교전 중에 총상을 입고 결국 왼쪽 다리를 잃는다. 그이

✦ 김학철 선생

또한 이 모든 일을 기록으로 남겼다.

그러나 우리는『격정시대』라는 작품 제목과 김학철이라는 작가 이름을 기억하지 못한다. 부끄럽고 송구한 일이다. 조국 독립을 위해 싸웠지만 동시에 중국 항일전쟁에도 참전했던 조선의용대는 스페인 내전 당시의 국제 여단과 어깨를 견줄 만했다. 스페인이 자국의 파시스트 프랑코에 의해 짓밟혔다면 중국과 조선은 일본 파쇼 세력에게 침탈을 당했다는 것이 차이라면 차이일 뿐이다.

중국인이 발굴한 조선 혁명가

김학철 선생을 비롯한 조선의용대를 기억하는 답사는 중국에서 가장 오래된 지명이자 인생의 덧없음을 뜻하는 '한단지몽邯鄲之夢'이라는 한자성어가 만들어진 곳인 한단邯鄲, 그곳에 위치한 진지루위

晉冀魯豫열사능원에서 시작된다. 우리를 안내할 왕춘상 王春香 선생은 중국인이면서도 우리말을 아주 잘했다. 알고 보니 아버지 직장 때문에 평양에서 태어나 열세 살 때까지 그곳에 살았다고 한다. 열사능원에서는 역시

✦ 상룽성 관장과 왕춘상 선생

✚ 윤세주 묘

중국인인 상룽성尚榮生 조선의용군열사기념관 관장을 만났다.

간단하게 인사를 나눈 우리는 곧바로 한 무덤을 찾았다. '조선 의용대의 영혼'이라 불리는 석정 윤세주 열사가 묻힌 곳이다. 묘비석에 한자와 함께 새겨진 '석정 윤세주 열사'라는 한글 일곱 자를 보는 순간, 그러지 말아야지 숱하게 다짐했건만 목이 메었다. 중국 대륙 한복판에, 그것도 그들의 국립묘지에서 우리 항일 투사를, 우리글을 마주했다는 감격 때문이었다.

경남 밀양이 고향인 윤세주 열사의 '동네 형' 중 한 명이 약산 김원봉이다. 그래서 두 사람은 고향에서 함께 공부하고 중국 망명 후 독립운동도 함께했다. 의열단 의거와 관련해 7년을 감옥에 갇혔던 석정은 1932년 중국으로 망명해 김원봉이 난징에 개설한 조선 혁명군사정치간부학교 1기생으로 입교한다. 이때 함께 훈련을 받

✦ 진광화 묘

은 이가 「청포도」와 「절정」의 시인 이육사다.

헌화와 묵념을 마친 우리는 또 한 분의 항일 투사의 묘를 찾아 건너편 능원으로 갔다. 이곳에 묻힌 이는 평양 출신의 진광화 열사다. 그의 묘소는 당시 팔로군 전방사령부 부참모장이었던 쭤취안左權 장군 묘 바로 옆에 상당한 규모로 조성돼 있었다. 1929년 광주학생운동 당시 동맹 휴학을 주도했던 진광화 열사는 일제 경찰을 피해 중국으로 망명한 후 중국 혁명에 적극 참여한다.

그런데 두 사람은 왜 중국 대륙 한복판에 묻혀 있는 걸까? 그 긴 사연을 자세히 설명할 수는 없다. 다만 두 분이 조금 다른 과정을 거쳐 1941년 타이항산 조선의용대 화북華北지대 대원으로 활동했다는 점만 기억하자. 그러다 1942년 5월 중국 팔로군 전선 총지휘

✚ 이곳 좡쯔링莊子嶺 어디에서 두 열사가 순국했던가!

부에 대한 일본군의 대대적인 소탕전 때 장렬히 희생된다. 두 분을 비롯한 조선의용대의 활약 덕분에 훗날 중화인민공화국 국방부장이 된 펑더화이彭德懷와 중국의 개혁·개방 정책을 주도한 덩샤오핑鄧小平 등이 무사히 탈출할 수 있었다.

당시 팔로군 총사령이던 주더朱德는 두 사람의 희생을 '영광과 불멸의 죽음'으로 칭송했고, 중국 팔로군은 조선의용대의 활동을 학교 교재와 전사 교본에 포함시키기로 결정한다. 1942년 당시 이 결정이 실행됐는지 확인할 길은 없다. 하지만 현재 타이항산 조선의용대 유적지가 위치하는 한단邯鄲시에서 편찬한 『역사와 문화(历史与文化)』교과서에는 조선의용대 관련 내용이 포함되어 있다. 앞

177

✚ 렌화산

서 소개한 상릉성 관장의 노력 덕분이다.

한단시에 속한 서현涉縣의 렌화산蓮花山 자락에는 두 사람의 초장지初葬地가 있다. 당시 팔로군 사령부는 쭤취안 장군과 윤세주, 진광화 열사를 모실 곳을 신중하게 골랐다고 한다. 배산임수背山臨水 원칙에 따라 연꽃이 피어나듯 아름답고 장중한 렌화산을 뒤로하고 타이항산 자락을 따라 흐르는 칭장허淸漳河가 내려다보이는 언덕은 그렇게 선택된다.

유해야 이미 열사능원으로 옮겨졌지만 윤세주, 진광화 두 열사의 영혼은 아마 이곳에 머무르지 않을까 하는 생각에 우리는 다시 고개를 숙였고, 무덤 주위에 술을 부어 드렸다. 원래 무덤 주위는

✦ 초장지

허허벌판이었다고 한다. 그런데 답사객들이 한 그루씩 심은 나무가
지금은 적잖은 숲을 이루고 있다. 그런데 더 놀라운 사실을 상릉성
관장으로부터 들었다. 봄이면 초장지 앞으로 무궁화가 만발한다는
것이다. 서셴 현정부에서 초장지 주변에 천여 그루의 무궁화를 심
었단다. 감사하고 송구할 따름이다.

　감동적인 이야기는 계속된다. 상릉성 관장은 2004년 윤세주 열
사의 고향인 밀양에서 이곳에 답사 온 분들에게 부탁해 밀양의 흙
을 가져오게 했고 이곳에 뿌려 주었다고 한다. 그리고 평양으로 유
학 가는 중국 학생에게는 그곳의 흙을 가져다 달라고 부탁해 역시
이곳에 뿌려 주었단다. '별보다 한껏 먼 이역' 타이항산에서 싸운

조선의용대원에게 그토록 원하던 조국 해방은 곧 귀향이었음을 짐작한 중국학자의 마음 씀이 감격스러울 따름이었다.

한편 죽어서 이곳 타이항산 조선의용대 동지 곁에 묻히기를 바란 이도 있었다. 윤세주와 진광화 열사 무덤 사이에는 나무 한 그루가 서 있는데 여기에는 진진한 사연이 있다. 해방 후에도 조국으로 돌아가지 못하고 중국에 살던 관건 선생은 자신이 죽으면 유해를 두 분 곁에 묻어 달라고 유언했고, 1984년 유해가 이곳에 뿌려졌다고 한다. 그때 나무도 함께 심은 것이다. 그리고 신문 기사로 전해진 이 일은 상룽성 관장이 '조선의용대 전문가'가 되는 계기가 되었다.

두 열사의 초장지 바로 아래엔 조선의용군열사기념관이 자리하고 있다. 이곳은 2004년 한단시와 서셴 현정부의 지원을 받아 문을 열었다. 개관 때부터 지금까지 관장을 맡고 있는 상룽성 관장은 이 기념관이 '중국 정부가 한국의 독립운동사에 많은 관심을 두고 있다는 걸 보여 주는 증거'라고 평가한 바 있다. 중국 정부도 노력하고 있으니 한국 정부도 관심을 가져 주길 바란다는 상 관장의 말씀에 숯불을 머리에 얹은 듯 얼굴이 화끈거렸다.

KOREAN VOLUNTEERS

그럼 조선의용대는 어떤 부대였을까? 1937년 7월 7일, 루거우차오盧溝橋사건으로 중일전쟁이 발발하자 중국 내 우리 항일 투사들도 새로운 국면을 맞는다. 당시 중화민국의 수도이자 조선 독립운동가들의 근거지였던 난징南京이 일본군에 함락되자 중국 국민당 정부는 양쯔강을 따라 서쪽으로 후퇴해 충칭重慶을 임시 수도로 삼았던 것이다.

당시 우리 독립운동의 좌우를 대표하던 약산 김원봉의 민족혁명당과 백범 김구의 임시정부도 이와 비슷한 루트로 후퇴한다. 그런데 중국 국민당 정부는 난징과 충칭의 중간에 위치한 우한武漢, 당시 '동방의 마드리드'라고 불리던 이곳에서 결사 항전을 결정한다. 이곳이 함락되면 충칭 또한 위험해지기 때문이다. 이때 조선의용대가 창설되는데, 발대식에는 훗날 중화인민공화국 초대 총리가 되는 저우언라이周恩來와 중국 근현대 대문호인 궈모뤄郭沫若가 참가한다.

그리고 우리 독립운동사에 길이 전할 사진 한 장이 남는다. 네덜란드 영화감독 요리스 이벤스Joris Ivens가 전 대원을 한 장에 찍어 주었던 것이다. 이 사진에는 'ㅈㅗㅅㅓㄴㅇㅣㅛㅇㄷㅐ'와 'KOREAN VOLUNTEERS'라고 적힌 조선의용대 깃발도 보인다. 조선의용대의 활약은 글로도 남았다. 훗날 궈모뤄는『홍파곡洪波曲』에서 '우한이 함락의 운명에 직면한 이 위급한 시각에 우리를 대신해 대적군 표어를 쓰고 있는 것은 오직 조선의 벗뿐'이고 그들이 이곳을 '정신의 보루'로 만들고 있다며 조선의용대를 높이 평가했다.

우한 함락 이후 조선의용대 대원들은 각자의 정치적 성향에 따라 흩어진다. 그러다 중국 국민당의 항일 의지가 약화되고, 중국 국민당과 중국 공산당의 합작이 실질적으로 결렬되며, 충칭 대한민국

182

임시정부 산하에 한국광복군이 창설되는 등의 여러 이유로 조선의 용대 대원 상당수가 타이항산으로 북상한다. 이곳은 당시 중국 공산당 군대가 일본군과 대규모 교전을 하며 대치하던 항일의 최전선이었기 때문이다.

조선의용대 대원이 타이항산으로 집결하자 이들을 규합하기 위해 1941년 1월 화북조선청년연합회가 결성되고 그 예하 부대로 조선의용대 화북지대가 만들어진다. 그리고 1942년 7월 10일, 화북조선청년연합회 제2차 대표대회에서 조직 이름을 조선독립동맹으로 개정 개편한다. 이때 조선의용'대'라는 명칭도 공식적인 군대라는 뜻의 조선의용'군'으로 바뀐다. 조선의용대 화북지대가 조선의용군으로 바뀌는 과정에 김학철 선생이 부상을 당한 후자좡胡家庄 전투(1941.12)와 윤세주, 진광화 열사가 희생된 반소탕전(1942.5)이 있었던 것이다.

조선의용군을 찾아오시오!

타이항산 자락에는 적잖은 조선의용대 관련 유적지가 있다. 일정상 1941년 조선의용대 주력 부대가 타이항산에 도착했을 때 주둔했던 윈터우디춘雲頭底村과 1943년 말 상당수 조선의용군 대원들이 옌안으로 떠나기 전까지 머물렀던 난좡춘南莊村, 두 곳만을 답사하기로 했다. 조선의용대 최초 주둔지인 상우춘上武村은 두 번째 답

✛ 중국 윈터우디춘

✛ 한국 밀양

사 때는 폭우로 다리가 끊겨 또 다시 다음을 기약해야 했다.

윈터우디춘에 도착했을 때는 마을을 감싼 산봉우리와 구름이 아름답게 어울려 있었다. '구름 머리 아래에 자리한 마을雲頭底村'이

윈터우디춘 조선의용대 옛터

라는 이름의 유래를 직접 설명하기라도 하듯 말이다. 우리는 마을 입구에 세워진 '순국선열전적비殉國先烈戰績碑'도 보지 못하고 급히 마을의 남쪽으로 향했다. 그곳에 이번 답사에서 꼭 봐야 할 유적이 있기 때문이다. 그것은 타이항산 자락 마을의 풍습대로 만들어진 남각南閣이라 불리는 일종의 출입문에 쓰인 한글이다.

　이미 숱한 답사기와 책을 통해 본 것이지만 광활한 중국 대륙의 한복판에서, 구멍가게조차 없는 이 시골 마을에서 또렷한 한글을 보니 가슴이 뭉클했다. 80여 년 전 조선의용대 대원이 한글로 쓴 항일 구호가 그대로 남아 있는 것이다. 비바람에 씻기고 세월에 잊힐 법도 한데, 마을 사람들의 손길로 매년 산뜻하게 단장돼 오늘에 이르렀단다. 읽을 줄도 모르고, 흔적도 희미한 외국 글자에 덧칠해 보존해 온 마을 분들께 큰절이라도 하고 싶은 심정이었다.

그러나 황토색 담장과 말린 옥수수 덕분에 더 친근하게 여겨지던 이곳을 우리는 급히 떠나야 했다. 바쁜 마음에 일행보다 일찍 이동해 조선의용대 본부로 사용되던 옛 사당을 둘러보았다. 아름드리 나무 밑으로 맑은 개울이 흐르고 바로 그 뒤에 조선의용대 본부로 쓰이던 집이 있었다. 마침 냇가에서 채소를 씻는 아주머니가 그대로 풍경의 일부가 되었다. 순간 조선의용대가 이곳에 머물던 그때로 시간을 거스른 게 아닌가 하는, '외로운 황홀한' 착각에 잠시 빠졌다.

'태항산중의 아침 해는 큰 눈을 뚝 부릅뜨고 앉아 있는 호랑이 모양의 거악 위로 희멀거니 솟아올라 너훌너훌 안개를 흩어뜨리면서 청장하 맑은 시내를 금빛으로 적시는 것이다.'라고 난좡춘의 아침을 묘사한 이는 소설가 김사량이다. 김사량은 1945년 친일 부역을 피해 타이항산으로 탈출하고 그 일을 『노마만리』라는 기록문학으로 남긴다. 하지만 우리가 난좡춘에 도착했을 때는 이미 캄캄한 밤이었다.

우리가 이곳을 찾은 이유는 1942년 11월 개교한 화북조선혁명군정학교 터를 답사하기 위해서다. 현재 마을 유치원의 일부인 이곳은 아쉽게도 굳게 닫혀 있었다. 시간이 늦었으니 당연한 일이다. 그런데 문 앞에서 노상 강의를 하고 있는데 연락을 받고 온 유치원 교사가 문을 열어 주더니 답사가 끝날 때까지 기다려 주었다. 물론 상릉성 관장과 친분이 있어서였겠지만 누군지도 모르는 이들을 위해 기꺼이 달려와 준 젊은 유치원 선생님이 참 예뻐 보였다.

✦ 난창춘의 군정학교

'태항산군정학교'라고도 불린 이곳 교실은 무척 협소했다. 불도 들어오지 않았다. 우리는 각자 핸드폰 조명을 켜 강의를 들었다. 문득 우리 항일 투사들도 이렇게 공부했을 거라는 생각에 목이 메었다. 동행한 학부모 중에는 낮게 흐느끼는 분도 있었다. 이곳을 먼저 다녀간 많은 분들의 글이 교실 앞뒤 칠판에 가득했다. 나는 일행을 대표해 적었다. 'KISB 항일 답사, 감사하고 송구합니다. 항상 당당하게 살겠습니다.' 이 글귀는 2년 뒤 이곳을 다시 찾았을 때도 그대로 남아 있었다.

답사를 마치고 마을을 내려오는 길은 우리 마음처럼 환했다. 어깨를 겯고 서로에게 핸드폰 손전등을 비춰 주었기 때문이다. 문득

이 귀한 시간을 아들과 함께하면 얼마나 좋을까 하는 생각이 들었다. 1942년 이 학교의 교무장으로 일했던 정율성 선생이 떠올랐기 때문이다. 선생 또한 어린 딸을 옌안에 두고 홀로 이곳에 와 있었다.

중국 인민의 영광이자 한국 국민의 영광

정율성, 낯선 이름이리라. 2009년 10월 1일 중국 톈안먼天安門 광장에 300만 중국인민해방군을 대표하는 의장대가 사열을 시작하자 군악대가 일제히 웅장한 군가를 연주한다. 중국인민해방군의 공식 군가인 '중국인민해방군 군가'다. 중국의 심장에서, 중화인민공화국 '회갑'에 연주된 이 곡의 작곡가가 바로 항일 투사이자 천재 음악가인, 전라남도 광주 출신의 정율성 선생이다.

2014년 7월에는 선생의 이름이 중국 시진핑 국가주석에 의해 직접 언명된다. 방한 중 모 대학에서 특별 강연을 할 때, 시 주석은 "역사상 위태로운 상황이 발생했을 때마다 양국은 항상 서로 도와주면서 극복했다."고 언급하며 그 대표적인 인물의 한 사람으로 자국 군대의 공식 군가를 작곡한 정율성 선생을 들었다.

✦ 정율성과 딩쉐쑹. 두 사람의 합장묘에 있는 젊은 시절의 모습이다.

✦ 정율성이 공부하고 가르치고 또 결혼도 한 곳. 이는 천수둥陳樹东의 대표 유화 '옌안 루쉰
예술학원의 하루延安鲁艺的一天'다.

　　정율성 선생이 중국 인민에게 자신의 이름을 널리 알린 '연안송
延安頌', '팔로군행진곡八路軍行進曲' 등을 쓴 곳은 중국 혁명의 성지 옌
안이다. 이곳에서 그는 명성만 얻은 게 아니라 평생의 반려도 만난
다. 뤼쉰예술학원을 졸업하고 항일군정대학에서 음악지도원으로
일하던 선생은 같은 대학 여학생들을 이끌던 딩쉐쑹丁雪松과 결혼한
다. 그녀는 훗날 중화인민공화국의 첫 여성 대사가 될 만큼 정치적
으로 영향력 있는 인물이다. 이때 정율성, 딩쉐쑹 부부는 무남독녀
소제小提도 얻는다. '샤오티'는 바이올린을 뜻하는데, 딸에게 이 이
름을 붙여 준 사연이 재밌다. 딸 정소제의 회고다.

　　40일이 지나도록 엄마는 젖이 없었다. 날마다 배고파 우는 나를 보며
엄마는 할 수 없이 아버지가 힘들게 국민당통치구에서 가져온 바이

✚ 정율성을 유명 인사로 만들어 주었던 '연안송'의 배경으로 산 정상에 보탑이 보인다.

올린을 시장에 내다 팔고 새끼를 가진 양 한 마리를 사왔다. (…) 어미 양은 젖을 못 짜게 하면서 울타리를 부수고 산으로 달아났고 엄마는 맨날 산으로 들로 양을 쫓아다녀야 했다. 양젖을 한 번 짜고 나면 엄마는 땀범벅이 되곤 했다. 나의 목숨을 구해 준 양젖과 맞바꿔진 바이올린을 기념하기 위하여 나의 이름은 '小提소제'가 되었다.

기왕 말이 나왔으니 옌안 이야기를 잠깐 하자. 앞서 설명했던 대로 충칭을 떠나 타이항산 지역으로 북상했던 조선의용대 주력 부대는 조선의용군으로 확대 개편되면서 해방 직전 옌안으로 이동한다. 즉 옌안이 중국 혁명의 성지만은 아니었던 것이다. 우리 항일 투사들에게도 이곳은 '항일의 성지'였다. 타이항산에 있던 조선혁명군정학교는 1944년 옌안으로 옮겨진다. 이 지역의 전통 주거 양

그들을 생각하면 눈물이 난다

✚ 조선혁명군정학교 표지석

식인 동굴집 '야오둥窯洞'에 있던 학교 건물은 흔적을 찾을 수 없지
만 뤄자핑羅家坪이라는 마을 입구에 표지석만은 온전히 남아 있다.

1945년 8월 10일 일본 제국주의가 항복 선언을 할 조짐이 있다
는 공식 발표가 옌안에도 들려온다. 마침 〈해방일보사〉에 근무하던
조선인 고찬보는 10리가 넘는 길을 뛰어와 이 소식을 조선혁명군
정학교에 전한다. 순식간에 학교는 난리가 났고 밤새 춤추고 노래
하며 조국의 해방을 자축했다. 일본의 항복 소식을 듣고 조국으로
향하는 대오가 함께 부를 노래, '조국 향해 나가자'를 작곡한 이도
정율성이다.

그러나 현재 옌안에 조선 독립운동의 흔적은 희미하다. 거대한
연안혁명기념관에 조선혁명군정학교는 수십 개에 달하는 학교 목

록 맨 끝에 겨우 그 이름자를 남기고 있을 뿐이다. 하루 종일 보아도 다 못 본다는 이곳에서 상념은 길을 잃는다. 항일 투쟁에서 가장 열정적으로 헌신했던 분이, 당연하게도, 해방 후 새로운 나라의 지도자가 되었다면 어땠을까?

중국 정부에 강력하게 요청해 옌안에서 항일 투쟁에 나섰던 조선의 독립투사들이 지금보다는 더 많이 기록되고 기억되지 않았을까. 자랑스러운 표정으로 아이에게 자국의 항일 역사를 설명하는 숱한 중국인 아버지들을 보며 나는 몹시 서글펐다. 마치 남의 잔치에 온 초대받지 못한 손님처럼 말이다.

옌안에서 꼭 기억해야 할 장소가 하나 더 있다. 바로 충칭과 옌

✛ 쓰임은 달라졌지만 조선혁명군정학교 터 인근에 있는 이 맷돌은 조선 투사들을 기억하리라.

그들을 생각하면 눈물이 난다

안의 좌우 독립운동 진영 간의 합작을 위한 노력을 되짚을 수 있는 연안대례당延安大禮堂이다. 이곳은 1941년 동방반파쇼대회가 열린 장소다. 이때 대한민국임시정부 주석 김구는 명예주석으로, 조선의 용대 대장 무정은 주석단 명단에 이름이 오른다.

이후 우리 독립운동 진영의 좌우합작 노력은 계속된다. 해방 직전 임정 요인 장건상이 옌안에 와 좌우 연합을 논의한다. 그리고 당시 조선독립동맹 주석 김두봉은 충칭으로 가 통일전선을 결성하자는 제안을 한다. 하지만 참으로 안타깝게 해방이 '너무 일찍' 왔다. 『혁명가들의 항일 회상』에 기록된 장건상의 증언이다.

> 좌우합작이 이번에는 정말 성공하는구나 하는 꿈에 젖었는데, 그다음 날 깨어 보니 일제가 항복했습니다. 마침내 그 악독한 일제가 패망하고 우리 민족이 독립을 얻었다고 생각하니 나도 모르게 눈물이 흐릅디다. (…) 그러나 나도 한 인간인지라 한 가지 아쉬움을 느꼈습니다. 그것은 임정과 조선독립동맹의 통일전선을 채 보지 못하고 해방을 맞이한 데서 오는 것이었습니다.

그러나 이 일은 단순히 아쉬움에서 끝나지 않는다. 해방 후 옌안의 조선독립동맹 산하 조선의용군은 동북으로 진출한다. 그들은 만주 일대의 일제 잔당을 소탕하면서 동시에 중국 국민당과의 내전에서 중국 공산당의 일원으로 싸운다. 그리고 단계적으로 해방

✚ 옌안대례당

된 조국, 그러나 이미 남북으로 갈라진 조국의 북쪽으로 들어간다. 광복의 감격으로 젖어 있던 그때, 그들은 몇 년 후 해방된 조국에서 남쪽 동포를 향해 총부리를 겨눌지 상상이나 했을까? 강력한 무장력을 갖춘 그들이 한국전쟁 당시 북한군의 주력이었던 것이다.

한편 충칭의 대한민국임시정부 산하 한국광복군은 대한민국 국군의 핵심 전력이 된다. 망국 시기 가장 용맹하게 항일전쟁에 나섰던 두 무장 세력이 해방된 조국, 갈라진 조국에서 서로를 증오하며 싸우다 전멸해 버린 것이다. 항일투쟁의 위대한 역사적 도덕성이 동족상잔의 책임으로 철저히 파괴된 것이다.

우리가 '중국 인민의 영광이자 한국 국민의 영광'인 정율성 선생의 이름을 오랫동안 들을 수 없었던 가장 큰 이유도 여기에 있다.

✦ 정율성 묘소

그는 삼팔선 이북에서도 적극적인 음악 활동을 했으며 '조선인민군행진곡' 등 다수의 군가를 작곡한다. 이런 공로를 인정받아 1948년에는 모범근로자 칭호를 받기도 했다.

하지만 김일성 일당독재에 실망한 그는 한국전쟁 이후 중국에 정착하고 그곳에서 음악 활동을 한다. 그가 어린이를 위해 작곡해 중국 초등학교 교과서에도 수록된 '우리는 행복해요'라는 노래 제목처럼 그는 행복했을까? 조국을 되찾고자 망명했던 중국에, 조국이 해방되고도 돌아갈 수 없었던 그가 행복했겠는가 말이다.

지금도 옌안에서 흔히 볼 수 있는 '야오둥', 그곳을 지나치며 나는 한 장면을 끊임없이 재구성했다. 전선으로 가라는 명령을 받고 짐을 싸고 있는 김산, 그의 거처로 한달음에 뛰어가는 정율성. 김산이 마지막 인사를 한다. "살아서, 해방된 조국에서 꼭 다시 만나세."

그러나 이 약속은 지켜지지 못했다. 한 사람은 조국의 해방조차 보지 못하고 먼 이국 옌안에서 간첩 혐의로 처형되었고, 또 한 사람은 해방된 조국이 분단되는 아픔을 몸소 겪은 후 망명해 중국에서 생을 마쳤기 때문이다.

거친 광야를 검붉게 물들이는 조국 열사

타이항산 답사 첫날 학부모가 준비한 불고기로 맛있는 식사를 하고 우리는 회의실에 다시 모였다. 담임 반 아이들이 모둠별로 준비한 항일 투사 UCC를 발표하고 다큐멘터리를 함께 보기 위해서다. 이튿날 답사 예정지인 후자좡 전투와 그곳에서 부상당한 김학철 선생에 대한 영상, '나의 할아버지 김학철, 조선의용대 마지막 분대장'이었다. 답사 사전 교육을 대신한 영상 관람은 또 많은 이들을 울렸다.

다큐멘터리가 끝났을 때 상룽성 관장이 잠깐 할 말이 있다고 했다. 영상에 나오는 김학철 선생의 아들인 김해양 선생과 방금 통화를 해 북경한국국제학교 학생, 학부모, 교사와 함께 타이항산 호텔에서 김학철 선생 영상을 보고 있다고 전했단다. 그랬더니 김해양 선생이 '소중한 역사를 기억해 주어 감사하다.'고 꼭 자기 대신 전해 달라고 했다는 것이다. 감사라니, 그 자리에 있던 우리 모두 마음으로 크게 손사래를 쳤을 거라고 나는 믿는다.

답사 둘째 날, 우리는 먼저 황베이핑춘黃北坪村을 찾았다. 난장이선 마을 장터를 우리가 직접 정리해 가며 어렵게 찾은 이 시골 마을에는 조선의용대 네 분의 무덤이 있다. 그런데 이분들이 희생된 곳은 이곳에서 꼬박 산 하나를 넘어야 하는 후자좡춘胡家庄村이다. 그곳에서 1941년 12월 12일, 일본군과 교전 중 네 분의 대원이 희생되었다. 그런데 왜 이분들의 묘는 멀리 떨어진 이곳에 조성되었을까?

해방 후 〈신천지新天地〉라는 잡지에 소개된 조선의용대 관련 글에서 '규모는 작은 것이었으나, 여기에 참가했던 의용군의 전원이

✦ 황베이핑춘 조선의용대 묘소

실로 영웅적인 전투 정신을 발휘한 점에 있어서, 또 우리 편에서 눈물 나는 희생이 있었던 점'에서 결코 잊을 수 없는 싸움이라고 평가된 것이 바로 후자좡 전투다. 새벽에 일본군의 급습을 받은 조선의용대는 마을에서 전투를 벌일 경우 주민들의 희생이 클 것을 염려해 마을 북쪽으로 후퇴하며 교전을 했다. 그 때문에 희생이 컸던 것이다.

이 사실을 알게 된 후자좡춘 사람들은 희생된 이들의 주검을 100리나 떨어진 황베이핑춘에 안장했다고 한다. 일본군이 시신을 탈취해 훼손할까 봐 염려했기 때문이다. 18명의 마을 사람들이 꼬박 3일에 걸쳐 시신을 옮겼던 것이다. 당시 팔로군이 주둔해 안전했던 황베이핑춘 뒤편에 조성되었던 묘역은 최근 더 높은 언덕배기에 새로 단장되었다. 그런데 네 기의 무덤은 이례적으로 동쪽을 향하고 있다. 열사들이 그토록 가고 싶어 했을 조국을 향한 것이 아

닐까. 마을 사람들의 따뜻한
배려가 가슴을 뜨겁게 했다.

✦ 황베이핑춘 조선의용대 주둔지

'조국의 자유와 민족의 해
방을 위하여 (…) 오랜 풍상
을 갖은 고초와 박해와 기한
으로 더불어 싸워 가면서 거
친 광야를 검붉게 물들이는
조국 열사'의 무덤 앞에서 나
는 한 편의 글을 떠올렸다. 타이항산 자락에서 일제와의 전투로 조
선 청년들이 희생되고 있을 때 베이징의 최고급 호텔을 소굴 삼아
'마귀'처럼 들까불던 또 다른 조선인을 묘사한 「복마전伏魔殿의 북경
반점」이다.

> 상해를 중심으로 악랄한 수완을 휘두르고 있다는 헌병대의 어떤 밀
> 정은 새로 150만 원인가 주고 사들인 자동차에 기생을 싣고 어디론가
> 드라이브차로 떠나며, 동경을 무대로 활약했다는 전 헌병보조원은 3
> 층에 일본 계집을 데리고 살면서 4층에 새로 얻어 둔 카페걸이 못 미
> 더워 허더럭거리며 오르내리고, 서주서 돌아온 잡곡 장수는 소위 신
> 여성을 첩으로 얻어 데리고 조용한 육국반점으로 옮아 가며 (…)

마지막 답사지인 후자좡춘으로 가는 길 또한 순탄치 않았다. 워

✦ 후자좡춘 문학비

낙 궁벽한 곳이라 대형 버스가 원활히 지날 수 없었기 때문이다. 베이징으로 돌아가는 기차 시간에 맞추기 위해 후자좡춘 답사는 포기하고 마을 서편에 조성된 김학철, 김사량 문학비만을 답사하기로 했다.

이 또한 여유가 없어 학생, 학부모 할 것 없이 전부 언덕을 뛰어올라갔다. 숨을 헐떡이며 도착한 곳에는 조선의용'대'의 역사를 기록한 『항전별곡』의 작가 김학철 선생과 조선의용'군'을 찾는 노정을 그린 『노마만리』의 저자 김사량 선생의 문학비가 우리를 맞아주었다. 반갑게도 문학비는 신영복 선생의 글씨였다.

그들을 생각하면 눈물이 난다

사람답게 살려거든 불의에 도전하라

1916년 식민지 조선 원산에서 태어난 김학철 선생은 어린 시절 아버지를 여의고 홀어머니 밑에서 자랐다. 서울로 유학 왔지만 학과 공부는 팽개치고 닥치는 대로 책을 읽던 그는 이상화의 시 「빼앗긴 들에도 봄은 오는가」의 두 행, '지금은 남의 땅 / 빼앗긴 들에도 봄은 오는가'를 읽고 망국노로서의 삶을 통탄한다. 이에 소년 김학철은 시골집을 판 돈 중에서 100원을 갖고 상하이로 향한다. 그때 그의 나이 18세였다.

숱한 항일 투쟁에 앞장섰던 그가 잠시 숨을 고를 수밖에 없었던 곳이 바로 후자좡춘이다. 다리에 총상을 입고 일본군 포로가 되었기 때문이다. 일본 감옥에 수감된 김학철 선생은 10년형을 언도받고 복역하는 중 의무과장의 선처로 왼쪽 다리를 절단하는 '행운'을 얻기도 한다. 나중에 알게 된 사실이지만 더 큰 행운은 그가 나가사키 지소에 복역했다는 사실이다. 시내와 떨어진 이곳은 훗날 미군의 원자폭탄 공격에서 안전할 수 있었기 때문이다.

해방된 조국으로 돌아왔지만 이미 조국은 좌우의 심각한 대립을 겪고 있었다. 좌익 단체들을 불법화하는 미군정에 쫓겨 북쪽으로 간 김학철 선생은 그곳에서도 평탄한 삶을 이어 가지 못한다. 그는 노동자와 농민이 주인 되는 사회주의 국가 북한이 '김일성을 영웅으로 만들기 병'에 걸린 것을 도무지 이해할 수도, 용납할 수도 없었다. 결국 한국전쟁이 발발하자 김학철 선생은 중국으로 탈출한다.

그러나 망명지에서의 평온한 생활도 오래가지 못한다. 중국도 혁명 이후 서서히 마오쩌둥에 대한 우상화가 진행되고 있었기 때문이다. 그 정치적 혼란기에 선생은, 항일 투사로서의 마땅한 대접은 고사하고 반동분자로 숙청당해 24년 동안 강제 노동을 해야 했다. 또한 선생은 목숨을 걸고 문화혁명 당시 신으로까지 추앙받던

✛ 김학철 선생과 아들 김해양

마오쩌둥을 비판하는 『20세기의 신화』를 발표한다. 양심이 공포를 이겨 낸 것이다. 이 일로 선생은 61세로 만기 출소할 때까지 꼬박 10년 동안 너무도 비인간적이고 폭력적인 옥고를 치러야 했다. 그러나 선생이 옳았음이 곧 밝혀진다. 65세가 되던 1980년에 복권되었기 때문이다.

65세 노인 김학철은 이때부터 가히 초인적이라고 할 만큼의 자기 엄격성을 지키며 창작에 몰두한다. 선생의 집 문패 옆에는 '한가한 자는 면회를 사절한다.'는 깔깔한 글귀가 붙어 있었단다. 조선의용군의 생생한 역사를 기록한 『격정시대』를 비롯해 많은 작품을 집필하고 또한 강연 활동도 병행한다.

선생은 마지막 가는 길에 중산복을 입혀 줄 것을, 그리고 머리를 깎아 줄 것을 부탁한다. 그런데 그 모습은 바로 조선의용군의 차림새와 용모였다. 김학철 선생은 먼저 간 조선의용군 동지들을 만나러 가는 길에, 조선의용대로 복귀하는 심정이었던 것이다. 그리고 평생 제국주의 침략과 개인숭배에 반대해 왔던 당신의 삶을 고스란히 유언으로 내놓았다. '편안하게 살려거든 불의에 외면하라. 그러나 사람답게 살려거든 그에 도전하라.'

안개에 감싸인 희부연 후자창춘을 보자 다큐멘터리의 한 컷이 또렷이 떠올랐다. 김학철 선생의 손녀 김서정 양이 이곳을 방문했을 때 마을 초등학생들이 어눌하지만 분명한 한국어로 노래를 부르던 장면이다. 김학철 선생이 작사한 이 노래는 '조선의용대 추도

가'로, 나는 이 곡을 더할 수 없는 부끄러움과 깊은 슬픔으로 들었다. 조국에선 완벽히 잊힌 이 노래가 타국의 벽촌에서 외국 아이들 목소리로 불렸기 때문이다.

사나운 비바람이 치는 길가에
다 못 가고 쓰러진 너의 뜻을
이어서 이룰 것을 맹세하노니
진리의 그늘 밑에 길이길이 잠들라
불멸의 영령

아직도 수십 년 전 조선의용대를 기억하며 관련 자료를 집 안에 전시한다는 사람들, '조선을 사랑한다愛朝', '조선을 좋아한다喜朝'는

✚ 후자좡춘

뜻의 이름을 자식에게 지어 준다는 후자좡춘 사람들. 그분들을 꼭
뵙고 싶어 이곳을 다시 찾았을 때 우리 일행은 큰 선물을 받았다.
「호가장 전투」라는 글을 쓴 마을 촌장과 조선의용대 거처 관리자를
동시에 만난 것이다.

촌장의 시투리가 심해 통역에 어려움을 겪는 제자를 도와 중국
인 운전사가 표준 중국어로 한 번 더 통역하는 과정을 거쳤다. 하
지만 조선의용대에 관한 생생한 증언을 들었기에 전혀 번거롭거
나 지루하지 않았다. 무작정 걸었을 땐 보이지 않던 마을 길 초입
을 촌장의 안내로 바라보니, 그곳엔 조선의용대朝鮮義勇隊 이름을 딴
'义勇街의용가'라는 표지판이 소박하나 결코 초라하지 않게 걸려
있었다.

✦ 조선의용대 숙영지

후자좡춘 전투 당시 김학철 선생을 비롯한 조선의용대가 숙영

했던 집은 그러나 잠겨 있었다. 촌장도 관리하는 이가 출타해 어쩔

수 없단다. 진한 아쉬움에 이곳을 배경으로 사진을 찍고 있는데, 노

✚ 조선의용대 숙영지 내부

인 한 분이 말없이 와 문을 열었다. 행운이 겹칠 때 이를 기적이라고 한다면 이는 분명 기적이었다. 그곳에는 '조선의용군 전적지 옛터'라는 한글이 자랑스럽고 당당하게 남아 있었다.

첫 번째 답사 때 급한 일정에 문학비만 보고 발길을 돌렸지만 베이징으로 돌아가는 기차를 놓쳤다. 하지만 버스 안에서 함께 대책을 마련하며 일행 모두는 강한 유대와 일체감을 느꼈고, 우리는 이를 타이항산 조선 민족 영령의 선물이라고 생각했다. 다시 이곳을 찾았을 때도 김학철 선생을 비롯한 조선의용대의 영혼이 이 먼 곳을 온 것이 기특하다고 어깨를 토닥이는 것처럼 당신들의 숨결과 자취가 남은 곳을 남김없이 보여 주었다고, 그렇게 믿기로 했다.

다시는 오지 못하는
파촉巴蜀 삼만 리, 충칭重慶

충칭과 김원봉

어떻게 내 아들만 돌보겠느냐

최근 많은 이들의 호응을 받으며 잊혀진 항일 투사를 '발굴'한 영화 두 편, '암살'과 '밀정'. 두 작품의 관객 수를 합치면 이천만 명이 넘는다니 우리나라 사람이 가장 많이 본 영화 '명량' 관람객 수보다도 많다. 그럼 두 영화에 모두 등장하는 그 실존 인물은 누굴까? 약산 김원봉이다.

그런데 두 영화의 시대적 배경이 다른 만큼 각 영화에서 약산의 지위도 다르다. '밀정'은 1923년 김시현 선생과 황옥 경부가 주도한 폭탄 반입 사건을 소재로 하기에 약산이 등장하는 장소는 상하이다. 이때는 1919년 결성된 의열단이 가장 왕성하게 활동하던 시기로 약산은 의열단 의백이었다. 박재혁, 최수봉의 부산, 밀양 경찰

✚ 렌화츠蓮花池 임정 청사의 이 전시물을 통해 충칭에서의 약산의 위치를 가늠할 수 있다.

서 투탄, 김익상의 조선총독부 파괴, 상하이에서의 다나카 기이치
처단 등을 지도했던 것이다.

그럼 '암살'은 어떨까. 영화의 첫 장면을 보면 흑백 영상을 보던
이들이 환호한다. 일제의 항복을 알리는 뉴스였기 때문이다. 이때
약산은 홀로 외딴 공간에서 잔에 술을 따르고 불을 붙인다. 그리고
의열 투쟁으로 먼저 간 동지들을 추모한다. 이때 약산은 대한민국
임시정부 군무부장이었다. 따라서 이때 약산은 충칭에 있었다.

상하이에서 임시정부 수립 과정과 임정 청사 이전 현황을 살피던 나는 대한민국임시정부가 해방을 맞은 충칭을 꼭 한번 가고 싶었다. 충칭이 그렇게

✚ 백범과 두 아들

먼 곳인 줄 꿈에도 상상치 못하면서 말이다. 베이징에서 국내선 항공기를 탔는데도 세 시간 넘게 비행을 했으니 중국이 얼마나 넓은지 제대로 경험한 셈이다. 충칭은 또 얼마나 큰지 면적은 우리나라보다 조금 작고 인구는 삼천만 명을 헤아린단다.

충칭 일대의 옛 이름은 파촉인데, 서정주의 「귀촉도」에 이 지명이 등장한다. 죽음이라는 시간의 단절을 광대한 공간의 간극으로 풀어 낸 시구에서 충칭은 '진달래 꽃비 오는 서역西域 삼만 리三萬里'와 '다시 오진 못하는 파촉巴蜀 삼만 리三萬里'의 저승길 언저리 어디쯤으로 형상화된다. 옛사람들에게 이곳은 물리적으로도 정서적으로도 세상의 끝이었던 것이다. 그래서일까. 이곳에서 많은 독립투사들이 조국의 해방을 보지 못하고 세상을 떠났다.

가장 가슴 아픈 사연은 임시정부 주석 백범의 맏아들 김인의 죽음이다. 백범은 대한민국임시정부가 수립된 상하이에서는 아내를 잃고 해방을 맞은 충칭에서는 아들을 잃었다. 당시 김인이 걸린 폐

병은 난치병이었는데 특효약인 페니실린을 구하기가 무척 힘들었단다. 안중근 의사의 조카이자 백범의 맏며느리였던 안미생은 남편을 살리기 위해 페니실린을 구해 줄 것을 시아버지 백범에게 간절히 요청한다. 이에 대한 백범의 대답이다.

아가야! 인의 병이 심하니 나 역시 마음 아프단다. 그러나 임시정부의 많은 동지들이 중병을 앓을 때에도 나는 그들을 치료할 돈을 쓸 수 없었다. 정부의 주석으로서 내가 어떻게 내 아들만 돌보겠느냐?

백범은 아마 1940년 순국한 대한민국임시정부 초대 임시의정원 의장, 제4대 국무총리, 그리고 주석을 역임했던 석오 이동녕을

✚ 대전 현충원의 김인, 곽낙원 여사 묘소

떠올렸던 것일까. 결국 제때 치료 받지 못한 김인은 목숨을 잃었고 할머니 옆에 묻힌다. 백범의 어머니 곽낙원 여사 또한 1939년 충칭에서 세상을 떠났던 것이다. 백범은 어머니와 아들의 유해를 환국 3년 후인 1948년에야 수습할 수 있었다. 다행히도 현재 두 분은 대전 현충원에 나란히 영면해 있다.

동지들은 총사령관인 나보다도 훌륭하오

상하이에 복원된 마당로馬當路 청사가 십여 곳이 넘는 상하이 임정 청사 중 마지막 청사였던 것처럼, 충칭에 복원된 롄화츠蓮花池 청

✦ 해방 직전의 충칭 임시정부   ✦ 복원된 충칭 임시정부 청사

사 또한 네 곳의 충칭 청사 중 맨 마지막으로 사용된, 그래서 임정 요인들이 해방을 맞은 곳이다. 이곳을 찾았을 때의 감격 또한 잊을 수 없다. 오른쪽에서 왼쪽으로 적힌 '부정시림 국민한대'도 낯설지 않았고, 말끔히 정돈된 청사 곳곳도 이국의 휴양지처럼 근사하게만 보였다.

✚ 환국 기념사진

나는 입구에 한참 서서 사진 한 장과 한 편의 글을 떠올렸다. 해방을 맞아 임정 요인들이 태극기를 손에 들고 찍은 기념사진. 망국 36년을 견디고 임시정부 27년을 수호하며 대한민국임시정부가 외롭게 버티던 이곳, 충칭에서 해방을 맞아 사진기 앞에 섰던 선열들의 마음은 어땠을까. 짐작되지 않는 감격과 환호를 떠올리려 청사 곳곳을 배회했지만 소용이 없었다.

그래서 이번에는 70여 년 전, 이곳에 죽 늘어서서 백범을 비롯한 임정 요인을 기다리던 청년들을 떠올려 보았다. 『장정長征』의 주인공 김준엽 선생과 장준하 선생이다. 일본 유학 당시 강제 징집을 당했던 두 분은 일본군으로 중국에 배치된 후 목숨을 걸고 탈출한다. 그리고 같은 처지의 청년들과 함께 약 6,000리, 그러니까 2,000km가 넘는 거리를 걸어 이곳 충칭 임시정부를 찾아온다.

한국광복군 총사령 지청천 장군은 "동지들은 총사령관인 나보다도 훌륭하오."라는 말로 그들을 격려한다. 곧이어 임정 요인을 대동한 임시정부 주석 백범이 청사 입구에 나타난다. 그러곤 국내로부터 온 청년들을 보니 마치 고국산천에 돌아온 것 같은 생각에 북받쳐 오르는 감회를 이기기 힘들다는 짧고 강렬한 인사말을 전한다. 그리고 저녁 환영식장에서는 "여러분 자신들이 한국의 혼입니다."라며 벅찬 감정을 숨기지 않는다. 답사答辭가 이어진다.

오늘 오후 이 임정 청사에 높이 휘날리는 태극기를 바라보고 우리가 안으로 울음을 삼켜 가며 눌렀던 감격, 그것 때문에 우리는 6천 리를 걸어왔습니다. 그 태극기에 아무리 경례를 하여도 손이 내려지지를 않고 또 하고 영원히 계속하고 싶었습니다. 그것이 그토록 고귀한 것인가를 지금도 생각하고 있습니다.

✦ 가운데가 김준엽, 오른쪽이 장준하 선생이다.

장준하 선생의 이 답사에 먼저

백범이 참고 참았던 울음을 터뜨렸고 성재 이시영, 약산 김원봉을 비롯한 모든 임정 요인과 청년들이 통곡한다. 환영회는 졸지에 울음바다가 되어 버렸지만 누구도 말리려 들지를 않았단다. 그 먼 길을 목숨 걸고 찾아와 준 젊은이들에 대한 대견함과 중국의 서쪽 변방까지 밀려와서도 조국 광복을 위해 헌신하는 노투사들에 대한 존숭이 뒤섞인 울음이었을 것이다.

훗날 김준엽 선생은 임시의정원 의원이자 김구 주석 판공실장으로 활약했던 민필호 선생의 사위가 된다. 그런데 민필호 선생의 장인은 대한민국임시정부 법무총장, 외무총장, 국무총리대리를 역임했던 예관 신규식 선생이다. 예관은 아침저녁으로 묵묵히 한반

✦ 대전 현충원 내의 김준엽 선생 묘소

도 지도를 보며 사색을 했다고 한다. '그 모습이 마치 삼천만 한국 국민이 지금 일제에게 받고 있을 상처를 어루만지는 듯하였고, 조국 광복 후에 건설할 새로운 모습의 국가를 생각하는 듯이 보였다.' 그런 선생이었기에 사위의 사위까지 독립운동에 헌신할 수 있었으리라.

그런데 이곳에서 눈살 찌푸릴 일을 만날 줄이야. 청사 내부를 둘러보던 중 임정 요인 누군가의 유묵인가 싶어 살핀 글에는 '大韓民國第十二代大統領全斗煥대한민국 제20대 대통령 전두환'이라고 쓰여 있었다. 광주 민중을 학살하고 권력을 찬탈한 '민족 반역자'가 괴발개발 '愛國丹心애국단심'이라고 썼으니 말문이 막힐 수밖에. 그것도 망국 시기 조국 광복을 위해 평생 풍찬노숙한 임정 요인들의 자취가 남은 이곳 충칭 대한민국임시정부 청사에 말이다. 훗날 김준엽 선생을 고려대학교 총장에서 해임한 자가 바로 전두환이다.

시절을 슬퍼하여 꽃도 눈물 흘리는구나

번듯하게 복원된 렌화츠 청사를 먼저 이야기하니 임시정부의 충칭 시절이 그럭저럭했다고 생각할지 모르지만 결코 그렇지 않다. 1932년 윤봉길 의사 의거 직후 피란을 시작한 임정은 항저우杭州와 치장綦江, 난징南京 등에서 활동하다 1937년 중일전쟁이 발발하자 중국 국민당과 함께 양쯔강을 거슬러 피란에 피란을 거듭한다.

임시의정원 의원과 임시정부 재무부장을 역임한 양우조 선생의 육아 일기인 '제시의 일기'를 만화로 재해석한 『제시 이야기』에는 난징을 탈출해 창사長沙, 광저우廣州, 류저우柳州, 치장을 거쳐 충칭에 이르는 그 험난한 여정이 고스란히 담겨 있다. 이동 시기와 충칭 시기에 가장 많이 등장하는 것이 '애앵' 하는 공습경보에 이은 일본군의 폭격 장면이니 그 어려움이 어떠했을지 짐작이 간다.

충칭에 정착하기 전 임정이 잠시 머물렀고 이후 임정 요인 가족들의 거처로 오래 사용된 치장에선 이런 일도 있었다. 당시 치장의 3대 장원莊園 중의 하나인 삼대장三臺莊의 주인은 임정 요인에게 기꺼이 집을 내주었다. 고시를 좋아했던 주인장은 임정 요인에게 시한 수 읊어 주기를 청한다. 그러자 임정 외무부장 조소앙 선생은 두보의 「춘망春望」을 나지막이 읊조린다.

'나라는 망했어도 산하는 그대로요 / 성 안은 봄이 되어 초목만 무성하구나 / 시절을 슬퍼하여 꽃도 눈물 흘리고 / 한 맺힌 이별에 나는 새도 놀라는구나' 학생 때 배우고 교사가 돼 가르치면서도 별 감흥이 없던 작품이다. 그러나 나라를 잃고 그 먼 타지까지 밀려간 한 독립운동가가 어떤 심정으로 이 시를 읊었을지 생각하니 참으로 눈물겨웠다.

그 어려운 중에도 임정 요인들은 국토를 회복한 후 세울 새로

✛ 한국광복군 성립 전례식

운 나라에 대한 비전을 제시했다. 조소앙 선생의 삼균주의에 따르면, 새로운 대한민국은 보통 선거를 실시해 참정권 평등을 보장하고, 핵심 생산 수단을 국유화해 국민의 생활을 평등하게 하며, 국비로 의무교육을 실시해 교육 기회의 평등을 보장하는 나라다. 그 소망을 이루기 위해선 먼저 우리 힘으로 조국을 되찾아야 했다. 이를 위해 임시정부 산하에 한국광복군을 창설한다.

렌화츠 청사를 나서 다음으로 찾아간 곳이 그래서 한국광복군 총사령부가 있었던 곳이다. 한국광복군은 1940년 충칭 자링빈관嘉陵賓館에서 성립 전례식을 열고 창설된다. 그러나 사령부는 곧 전선이 가까운 시안으로 이동한다. 그러다 1942년 다시 충칭으로 총사

✚ 한국광복군 총사령부 본부 터

령부를 옮기는데 그때 쓰던 건물이 지금도 남아 있다. 이곳은 2014년 말 한국 언론에 자주 오르내렸다. 중국 정부가 비용까지 전담해 복원하기로 결정했기 때문이다.

이 기사를 별 생각 없이 읽었던 나는 이곳을 직접 답사하곤 깜짝 놀랐다. 이곳이 세계 최대의 도시 충칭의 한복판이자 가장 번화한 곳인 해방비解放碑 거리 인근이었기 때문이다. 화려한 고층 빌딩이 즐비한 이곳은 한눈에 보아도 땅값이 비싸 보였다. 왜 중국 정부가 처음에는 이곳을 원래 자리에 복원하지 않고 변두리인 렌화츠 청사 인근으로 이전 복원하겠다고 했는지 이해가 되었다.

그런데 중국 정부는 어떤 이유로 애초 계획을 바꾸었을까? 그 비밀은 놀라운 우연과 인연으로 풀렸다. 내가 머물던 충칭의 한인

민박 주인이 뜻밖의 이야기를 꺼냈다. 최근 충칭에 거주하는 독립운동가 이달 선생의 후손을 알게 되었는데, 그분이 제18회 KBS해외동포상 특별상을 수상했다는 것이다. 그런데 한국광복군 총사령부가 원형 그대로 복원되도록 노력하신 점이 수상의 이유라는 것이었다.

꼭 뵙게 해달라는 청을 드리고 기다리며, 최소한의 예의를 갖추고자 급히 이달 선생에 대해 공부했다. 망국 전에는 백야 김좌진 장군과 함께, 1920년대에는 우당 이회영 선생의 지도를 받으며 아나키즘 계열 항일 투사로, 중일전쟁 시기에는 조선의용대 대원으로, 충칭에서는 임시정부에서 항일 투쟁에 헌신했다는 것이 대략의 내용이었다. 활동의 폭과 열정이 이만한데도 선생의 이름을 한 번도 들어본 적 없다는 게 송구스럽기 그지없었다.

이소심 여사는 우리말을 능숙하게 하지는 못했다. 하지만 듣고 이해하는 데는 문제가 없었다. 여사의 삶은 항일 투쟁에 버금가는 고난의 행군이었다. 해방 직전 아버지, 어머니가 모두 돌아가셔서 고국으로 돌아올 수 없었단다. 고아로 자랐지만 열심히 공부해 의사가 되었고 문화대혁명 시기에는 억울하게 탄압받는 중국의 지도적 인물들을 도왔다. 그런 연유로 충칭시 정치협상회의 의원을 역임했다.

이소심 여사는 이런 사회적 지위를 적극 활용해 한국광복군 총사령부가 원래 자리에 원형 그대로 복원될 수 있도록 애를 쓴 것이

다. 충청의 대표적인 임시정부 유
적지라고 할 수 있는 롄화츠 임
정 청사가 복원되는 데에도
이소심 여사가 중요한 역할
을 했다고 한다. 헐릴 위기에
있던 청사의 보전과 복원을 중
국 정부에 강력히 요구했던 것이
다. 그때는 대한민국이 중화인

✛ 이소심 여사

민공화국과 수교 전이었기에 이소심 여사의 노력이 특히 더 장한
것이다.

　여사는 또한 꼬맹이 때 만났던 임시정부 주석 백범을 중국인들
에게 알리는 일에도 앞장섰다. 1994년 중국어판 『백범일지』 출판
기념식을 베이징 인민대회당, 중화인민공화국의 '심장'에서 연 것
이다. 이때 여사는 대한민국 정부는 물론 조선민주주의인민공화국
에도 협조를 요청했단다. 왜냐하면 백범이 남북 모두를 위해, 그리
고 두 나라의 통일을 위해 기여한 애국지사라고 생각했기 때문이
다. 하지만 아쉽게도 그해 여름 김일성이 사망하면서 북쪽 관계자
들은 기념식에 참여하지 못했다고 한다.

　이소심 여사는 1939년 10월 9일 중국 구이린桂林에서 태어났다.
그런데 다음 날인 10월 10일은 조선의용대가 창설 1주년을 맞은
날이었다. 기념식에 참가한 아버지 이달 선생은 자신이 딸을 얻었

다고, 아빠가 되었다고 동료들에게 자랑했다고 한다. 그때를 기념한 사진이 남아 있다.

충칭에서 조선의용대 대원으로 기관지 〈조선의용대〉의 편집자였던 이달 선생은, 한국광복군이 창설되자 백범의 요청으로 한국광복군 선전지 〈광복〉의 편집도 맡는다. 충칭에서 좌우익 독립운동 진영 통합의 기수로 중요한 역할을 한 것이다.

기쁜 얼굴로 서로 만나기를 기대한다

해방-분단-전쟁으로 인한 좌우 대립은 지금도 많은 오해와 선입견을 우리에게 강요하는 측면이 있다. 일제 강점기 내내 독립운동 세력이 좌우로 나뉘어 심각하게 대립했다는 주장도 그중 하나다. 하지만 각자의 노선과 방식으로 독립운동을 하던 좌우 세력이 서로 협력하기 위해 노력했던 것도 또 하나의 명백한 역사적 사실이다. 그 대표적인 것이 1939년 5월 충칭에서 백범과 약산이 함께 발표한 '동지·동포 제군들에게 보내는 公開信공개신'이다. 다음해에 열린 3·1운동 21주년 기념대회에선 약산이 사회를 보고, 연설은 백범이 맡기도 했다.

충칭에서 백범과 약산으로 대표되는 좌우 세력이 갈등하고 대립했다고 짐작하는 근거는 조선의용대 주력 부대가 화북 지방으로 진출한 사건이다. 중국 국민당 정부의 지원을 받는 임정 입장에서 조선의용대 일부가 중국 공산당 지역으로 들어간 게 부담일 수 있었다. 하지만 백범이 조선의용대의 중국 공산당 지역으로의 진출을 '우리의 항일 광복 활동과 국제 승인을 얻어 내는 데 유리하게 작용할 것'이라고 긍정적으로 평가했다는 기록도 있다. 백범은 임시정부를 대표해 조선의용대를 배웅하며 붉은 깃발에 '民族先鋒민족선봉'이라는 네 글자를 써주었다고도 한다.

좌우 협력을 위한 노력이 비단 충칭에서만 있었던 것은 아니다. 윤봉길 의거로 상하이를 떠나야 했던 백범과 약산은 난징에서 해후한다. '처녀 뱃사공' 주아이바오朱愛寶와 숨어 살던 화이칭차오淮淸橋 인근에서 백범은 약산을 자주 만나 항일 투쟁 방략을 논의했다. 중국 국민당 정부로부터 지원을 받아 서로 다른 방식으로 독립운동을 하던 두 분이지만 서로 경원시하지는 않았던 것이다.

+ 화이칭차오

　　윤봉길 의거 이후 중국이 조선의 독립운동에 호의적인 태도를
보이자 백범은 장제스 총통을 만난다. 그리고 중국 군관학교에 한인
특별반을 설치하고 조선인이 군사훈련을 받을 수 있는 길을 튼다.
약산은 국민당 정부의 지원을 받아 직접 군사학교를 세워 항일 투
사를 키워 낸다. 조선혁명군사정치간부학교다. 난징 외곽 산속에
숨은 톈닝쓰天寧寺에 이 학교의 흔적이 겨우 남아 있다. 하지만 약산
이 제1기 입학식에서 했던 인사말은 뜨겁고 애절하게 남았다. '동
지들은 결사적인 투쟁을 계속하여 우리들의 강토에서 강도 왜노를
몰아냄으로써, 조선의 절대 독립과 동삼성의 탈환을 기해야 한다.
이렇게 함으로써 혁명 투쟁을 위해 헤어진 동지들이 최후에는 반
드시 목적을 달성하고, 기쁜 얼굴로 서로 만나기를 기대한다.'

✛ 백범이 장제스를 만나기 위해 난징에 왔을 때 머물렀던 호텔, 중앙판덴中央飯店이다.

　　그러나 이 간부학교 교장 약산 김원봉, 교관 석정 윤세주, 훈련
생 육사 이원록은 해방된 조국에서 다시 만나지 못했다. 약산은 해
방 후 분단된 조국의 북쪽에서 의문의 죽음을 당했고, 석정은 타이
항산에서 장렬하게 희생되었으며, 육사는 베이징 일본총영사관 지
하 감옥에서 처절한 고문으로 순국했기 때문이다.

　　'해방 임정'과 함께 충칭을 방문하고 싶었던 또 하나의 이유는
조선의용대 대장 약산 김원봉의 자취 때문이었다. 임정 중심의 민
족주의 계열의 독립운동사만 겨우 명맥을 유지하는 대한민국에서

✦ 조선의 청년들은 텐닝쓰 앞 이 우물물을 마시고 훈련했으리라.

거의 사라진 조선의용대 역사처럼, 충칭에 남은 약산의 흔적도 유적이라 할 만한 게 거의 없다. 비단 세월의 풍화 때문만은 아니리라. 어쩌면 그렇기에 더 찾고 싶었는지도 모르겠다.

독립기념관의 '국외독립운동사적지' 홈페이지에서 얻을 수 있는 정보는 딱 주소 한 줄이었다. '重庆市南岸区弾子石大佛段正街 172号(충칭시 남안구 탄자석 대불단정가 172호)'. 무작정 택시에 올라타 기사에게 주소를 보여 주며 아는 데까지만 데려다 달라고 했다. 어이없다는 표정으로 우리를 한참 쏘아보던 택시 기사는 양쯔강을 가로지른 다리를 건너 달리기 시작했다. 임정 요인들 거주지와 조선의용대 대원들의 주거지가 강을 사이에 두고 나뉘어 있다는 말이 실감났다.

✚ 위가 자링장嘉陵江이고 아래가 창장長江, 즉 양쯔강揚子江이다.

애초 정확한 위치를 몰랐으니 길을 헤매는 택시 기사를 탓할 수 없었지만 저무는 해를 보니 속이 바짝바짝 탔다. 우여곡절 끝에 대불단大佛段 거리 초입에서 택시는 멈췄다. 어둑해지는 거리를 보며 저절로 걸음이 빨라졌다. 어둠이 내리면 주소를 확인하기 더 어렵기 때문이다. 우리나라 지방 소도시의 허름한 시장과 닮은 여기저기를 뛰어다니며 주소를 확인하다, 파란색 간판에 금색으로 '桐尹閣大藥房동윤각대약방'이라 쓰인 곳에 우뚝 섰다. 그곳 오른쪽 기둥에 '大佛段正街 172号대불단정가 172호' 주소가 선명했기 때문이다.

✛ 대불단 시장 거리

✛ 약산 거주지

　셔터가 내려진 가게 앞에 한참을 멍하니 서 있었다. 예상은 했지만 항일 무장투쟁의 별 약산 김원봉이 이곳에 살았다는 흔적은 완벽하게 부재했다. 참담했다. 닫힌 가게 문을 두드려 묻고 싶었지

만 아마 가게 주인 또한 칠십
여 년 전 일을 알 수는 없으리
라. 허망한 마음을 달래려 열심
히 사진을 찍었다. 미국에 산다
는 약산 후손의 부탁이라도 푸
짐하게 들어주고 싶어서다.

떨어지지 않는 발걸음을 옮
기던 나는 기어코 시장 초입의
술집에 자리를 잡았다. 그냥은
도저히 숙소로 돌아갈 수 없어
노상에서 충칭식 꼬치에 미적
지근한 맥주를 마셨다. 지인과
나 두 사람의 술잔 외에 하나

✦ 밀양시 '해천 항일 운동 테마 거리'에 그
려진 벽화다.

를 더 청해 약산의 거주지가 있는 쪽으로 놓고 술을 따랐다. 조선의
용대 대원들과 이 길을 숱하게 다녔을 약산이 가끔 동료들과 이렇
게 술도 한잔했겠지 싶어서 말이다.

그리고 또 한 사람을 위해 술을 올렸다. 바로 이곳에서 세상을
떠난 약산의 부인 박차정 여사다. 신간회의 자매단체로 대표적인
항일여성운동단체인 근우회에서 활동하던 박차정 여사는 중국으
로 망명한 후 약산과 결혼한다. 그리고 약산이 주도한 의열단, 조선
혁명군사정치간부학교, 조선민족혁명당, 조선의용대에서 당당하고

동등하게 항일 투사로 활동한다. 그러다 1944년 바로 이곳에서 생을 마감한다. 환국하면서 약산은 부인이 그토록 애타게 기다리던 해방된 조국으로 유해를 봉환한다. 그리고 자신의 고향 밀양에 손수 부인의 묘를 마련한다.

이때 밀양 사람 대부분이 나와 약산을 환영했지만 해방 공간에서 약산은 모멸과 좌절을 더 자주 겪었다. 나라 잃은 후 중국 대륙으로 건너가 가장 치열하고 가장 끈질기게 항일 무장투쟁을 하면서도 한 번도 잡히지 않았던 약산이 해방된 조국에서 친일파 경찰에게 잡힌 것이다. 정정화 여사의 증언이다.

약산이 중부경찰서에 잡혀 들어가 왜정 때부터 악명이 높았던 노덕술로부터 모욕적인 처우를 받았다는 말을 듣고 몹시 분개하였던 일이

✚ '약산 김원봉 장군의 처 박차정 여사의 묘'라는 묘비명이 이채롭다.

그들을 생각하면 눈물이 난다

기억난다. 평생을 조국 광복에 헌신했으며 의열단의 의백이었고, 민혁당의 서기장을 거쳐 임시정부의 국무위원 겸 군무부장을 지낸 사람이 악질 왜경 출신자로부터 조사를 받고 모욕을 당했다는 소식을 듣자 세상이 아무래도 잘못되고 있다는 것을 느끼지 않을 수가 없었다.

약산의 고향 밀양은 숱한 독립운동가를 배출한 고장으로 유명하다. 독립운동 공로를 인정받아 훈장 추서를 받은 분만 예순 명이 넘는다. 이를 기념하기 위해 밀양시는 시내 인근의 해천가에 이름과 공적, 활동 지역, 서훈 등을 기록한 명패

일흔 개를 붙여 두었다. 그런데 가나다순으로 배열된 명패의 맨 마지막에 '김원봉'이 있다. 다른 명패와 달리 추서된 훈장도 없다.

약산이 누군가. 철든 후부터 항일 무장투쟁에 헌신해 의열단 의백, 조선혁명군사정치간부학교 교장, 조선민족혁명당 서기장, 조선의용대 대장, 대한민국임시정부 임시의정원 의원, 군무부장을 역임했던 항일 투사다. 훈장 추서를 하지 않은 이유는 단 하나, 약산이

월북 후 북한의 고위직에 있었다는 것이다. 해방 후의 행적 때문에 해방 전의 공훈을 인정할 수 없다는 것이다. 약산이 남북 대화와 하나 된 조국을 주장하다 북에서 숙청되었다는 사실은 조금도 고려되지 않았다.

박차정 여사 묘소 앞에서 "누님! 김학철이 왔습니다. 지난 1933년 중국에서 헤어진 지 58년 만에, 살아 계실 때 가장 철없이 굴었던 네 친구 가운데 저만 살아남아 이렇게 섰습니다."라고 인사한 이는 '조선의용대 마지막 분대장' 김학철 선생이다. 그러나 분대장인 그가 귀국 보고를 하고 경례를 올릴 조선의용대 대장 약산의 묘소는 이 지구상 어디에도 없다.

✦ 박차정 여사 묘 앞의 김학철 선생

난^蘭잎으로
칼을 얻다

우리 동포의 가장 좋은 모범이 되리라

훗날 '돌아오지 않는 밀사'란 별칭을 얻은 보재 이상설이 1905
년 명동의 한 거처에 나타난다. 이토 히로부미가 주도하는 조약 체
결을 막기 위한 비밀 회합이었다. 당시 의정부 참찬으로 대신회의
실무자였던 보재에게 회의를 저지시킬 것을 당부한 이는 우당 이
회영이다. 이들이 그토록 막고자 했던 것은 을사늑약이다. 우국지
사들의 울분과 결의가 팽팽했을 그곳에는 지금 표지석과 흉상만이
덩그러니 남아 있다.

이제는 우리나라 사람보다 외국인들이 더 많은 명동 한 편, 사
람들의 발걸음조차 뜸한 '명동1가 1번지', YWCA 주차장 앞 작은
공원이 바로 우당과 형제들의 집터다. 그러나 현재 이곳에는 신흥

무관학교를 세워 독립군 지도
자를 양성하다 고문으로 순국
한 우당의 흉상과 대한민
국임시정부의 국무위원에
재임한 후 대한민국 초대
부통령을 역임한 그의
동생, 성재 이시영을 소
개한 표지석만 서 있다.

우당의 아버지와 외할아버지 모두 이조판서를 지냈으니 우당
집안은 당대에도 명문가였다. '오성과 한음'의 주인공 백사 이항복
이 10대조 할아버지고 이후 내리 열 명의 정승을 배출한 집안이니
삼한갑족三韓甲族이 허튼 말은 아니다. 재산도 적지 않았다. 다른 것
을 빼고도 명동 일대 거의가 우당 집안의 땅이었다고 한다.

벼슬과 재산만 대단했던 게 아니다. 대대로 서울에 자리 잡은 경
화세족으로서 기득권층이었던 우당의 생각은 더 남달랐다. 우당은
청년 시절부터 사람들을 옭아매는 불평등한 봉건적 인습과 계급적
차별을 타파하는 데 앞장섰다. 집안 노비를 해방시키고 그들에게
존댓말을 썼다. 우당을 따라 망명한 몇몇 노비들이 독립투사를 기
르는 학교에 입학하자 다른 학생들과 똑같이 대접하기도 했다.

그러나 가장 놀라운 건 우당 집안사람 모두의 집단 망명이다.
우당은 나라가 망하자 형제들을 설득해 가족 모두를 만주로 이주

시켰다. 그리고 경학사로 시작해
신흥무관학교를 세우고 독립군을
길렀다. 이런 우당의 결단을 상찬
한 이가 있다. 독립협회를 창립하
고 신간회 회장을 역임한 월남 이
상재다.

> 동서 역사상 나라가 망한 때 나
> 라를 떠난 충신 의사가 수백, 수
> 천에 그치지 않는다. 그러나 우
> 당 일가족처럼 6형제와 가족 40

✚ 이 흉상은 우당기념관에 전시된 것
이다.

여 명이 한마음으로 결의하고 나라를 떠난 일은 전무후무한 것이다.
장하다! 우당의 형제는 참으로 그 형에 그 동생이라 할 만하다. 6형제
의 절의는 참으로 백세청풍百世淸風이 될 것이니 우리 동포의 가장 좋
은 모범이 되리라.

영원히 후대 사람들의 모범이 된다는 의미의 성어 중 유독 '백
세청풍百世淸風'을 택한 이유가 월남에게 있지 않았을까. 인왕산 자
락 청풍계淸風溪에 새겨진 이 네 글자를 월남이 모르지 않았을 터.
이 글씨를 새긴 이가 병자호란 당시 폭약을 터트려 순국한 선원 김
상용이고, 그의 동생 청음 김상헌 또한 절의의 상징이라는 것 또한

✚ 백세청풍

월남이 모를 리 없다.

　청풍계에서 인왕산 자락을 따라 남서쪽으로 내려오면 필운대弼
雲臺를 만난다. 이곳 또한 우당과 관계가 깊다. 필운弼雲은 우당의 10
대조인 백사 이항복의 다른 호다. 이곳은 백사가 장인으로부터 물
려받은 집터인데, 그의 장인은 권율 장군이다. '弼雲臺필운대'라는
각자刻字 옆에는 훗날 이곳을 찾았던 후손의 기록도 있다.

　'우리 할아버지 살던 옛집에 후손이 찾아왔더니, 푸른 바위에는
흰 구름이 깊이 잠겼다.' 이 글을 새긴 이는 이유원으로 그는 고종
대에 영의정을 지낸 우당의 큰아버지다. 그래서일까. 현재 '백세청
풍'과 '필운대' 사이에 우당기념관이 자리 잡고 있다.

✚ 필운대

삶을 버리고 의를 취할지라

집안 전체의 망명이 감격스러운 일이긴 하지만 그렇다고 우당이 망명 전 국권 회복에 힘을 쓰지 않은 건 아니다. 우당은 비밀 결사체인 신민회 조직에 앞장섰고 이 조직을 통해 장기적인 항일 투쟁 방법을 고민했다. 윤동주가 청소년기를 보냈던 용정에 세워진 북간도 최초의 민족 교육기관, '서전서숙'은 바로 우당을 비롯한 신민회 회원들의 주도로 설립되었다. 이때 책임을 맡은 사람이 보재 이상설이다.

이 시기 우당의 거시적 안목을 보여 주는 기획이 헤이그 특사 파견이다. 물론 헤이그에서 열린 만국평화회의의 '평화'가 대한제

237

✛ 유해는커녕 유품도 없는 경우 서울 현충원 내 무후선열제단에 모셔진다.

국과 같은 약소민족의 국권 보호를 위한 것이 아니었음은 자명하다. 하지만 일제와 친일 관료에 장악당한 대한제국 황실에서 황제를 설득해 특사를 파견한 일은, 일본의 선전과 달리 대한제국이 매우 강력한 자주독립 의지가 있음을 알리는 상징적 사건이었다. 실질적으로도 을사늑약의 불법성을 세계에 알릴 수 있는 기회였던 것이다.

우당이 고종 황제와 접촉할 수 있었던 건 명문가인 집안 덕분이었다. 당시 황실 의례를 맡아 보던 조정구 대감은 우당과 친분이 있었다. 훗날 우당의 차남 이규학과 조정구의 딸 조계진이 결혼함으로써 두 사람은 사돈이 된다. 우당의 노력으로 고종의 밀서는 헐버트와 이준을 통해 북간도에 있던 보재에게 전달되었다.

그래서 우당 답사지 중 빠질 수 없는 곳이 중명전重明殿이다. 덕수궁 뒤편에 위치한 중명전은 1901년 황실 도서관으로 지어졌다. 처음에는 수옥헌漱玉軒으로 불렸으나 1904년 덕수궁이 불타고 고종이 이곳으로 거처를 옮기면서 중명전으로 개칭되었다. 바로 이곳에서 1905년 을사늑약이 체결되었다. 헤이그 특사 파견을 위해 우당이 고심한 때도 고종이 이곳에 머물던 시기다. 그래서 현재 이곳에서는 을사늑약과 헤이그 특사 파견에 관한 상설 전시가 열린다.

그런데 2014년 이곳에선 특별한 전시회가 열렸다. 우당 6형제를 추념하는 '난잎으로 칼을 얻다' 특별전이다. 11월 17일 시작된 전시는 다음해 3월 1일까지 이어졌다. 전시 종료일 3월 1일은 명예와 가족, 재산 모두를 바쳐 항일 투쟁에 헌신한 우당 선생을 생각하면 이해가 된다. 일제 강점 시기 가장 대표적인 항일 투쟁이 일어난 날이기 때문이다. 그럼 전시가 시작된 11월 17일은 어떤 날일까?

✚ 중명전

우선 이날은 우당 선생의 순국일이다. 다롄大連 답사기에서 설명하겠지만 우당은 예순여섯의 나이로 만주 지역 항일 투쟁의 불씨를 살리기 위해 다롄으로 향하다 일제에 체포돼 순국한다. 그런데 이 날은 선생과 또 한 번의 인연 혹은 악연이 있다. 1905년 을사늑약이 체결된 날이 바로 11월 17일인 것이다.

이 전시에는 항일 투사 우당의 다른 면모를 엿볼 수 있는 유품이 전시되었다. 우당 유묵이다. 우당은 서예와 시문, 음악과 회화에 이르기까지 재주가 출중해 많은 사람들의 부러움을 샀다고 한다. 이는 당대 사대부라면 으레 갖추었던 교양 수준이 아니었다. 그런데 왜 우당은 난을 쳤을까? 우당의 아들로 가장 가까이에서 보필했던 이규창 선생의 『운명의 여신』에 그 사정이 보인다.

부친께서는 사군자 화畵에 능하시어 석파石坡 대원군의 난을 흡사하게 치시기 때문에 부친은 석파의 난을 치시고 화제畵題는 서도에 능하신 유창환 선생이 쓰시고, 낙관은 부친이 직접 인장을 새겨서 석파의 난화로 일호一毫의 차질 없이 작성하시고, 그 화폭은 백은 유진태 선생께서 당시의 거부 명문가에 갖고 가시어 한 폭씩 맡기고 일금 1, 2백 원씩 받으시어 운동 자금으로 조달하였다.

호사 취미로서가 아니라 독립운동 자금을 마련하기 위해 난을 치셨단다. 이 특별전의 제목 '난잎으로 칼을 얻다'는 바로 이런 사정에서 연유한 것이다. 그런데 허술한 실력으로 당대 최고라던 석파란을 흉내 낼 수 있었겠는가? 스승 추사조차도 난을 치는 데 있어서는 석파가 자신을 능가한다고 평가했는데 말이다.

우당의 이 난화야말로 예술을 포기한 대가로 이데올로그를 얻는 교조적 경직성과, 사상을 얻지 못한 예술의 미학적 천박성을 동시에 뛰어넘는 희귀한 사례다. 우

✦ 제시 아래 보이는 '兪致雄유치웅은 위에 인용한 유창환 선생의 아들로, 현재의 尋牛莊심우장 편액이 그의 작품이다.

당을 평가하는 잣대가 그의 묵란을 보는
하나만 있는 것은 아니지만 그것만으로도
지금 우리의 모습은 너무도 초라하다.

한 작품만 더 보자. 가장 많은 사연이
적힌 작품이다. 난은 우당이 미리 쳐두었
고 발문은 동생인 성재가 썼다. 성재는 우
당과 달리 대한민국임시정부가 수립된
1919년부터 해방을 맞은 1945년까지 일관
되게 임시정부 요인으로 활동했다. 그리고
살아서 해방된 조국으로 돌아왔다.

하지만 임정 요인들은 개인 자격으로
귀국한다는 약속을 하고서야 환국할 수 있
었다. 그것도 바로 서울로 갈 수 없어 상하
이를 경유한다. 이때 우당의 아들이자 성
재의 조카인 이규학이 이 그림을 가지고
와 글을 써달라고, 그럼 기념으로 삼겠다
고 한다. 그러자 성재는 이렇게 쓴다. '이

© 우당기념관

것은 우당 형님께서 그린 것으로 손때가 아직 남아 있다. 미처 펼치
기도 전에 눈물이 먼저 떨어졌다.' 그리고 경술국치 직후 6형제와
일가 전체가 망명해 36년간 타국에서 풍찬노숙하며 독립운동에 몸
담았던 일을 짧게 회상한다.

그들을 생각하면 눈물이 난다

옛적 경술년 겨울, 형제 6인이 함께 남만주로 가서 나라를 되찾고 일본을 망하게 하려고 도모하여 만 번 죽기를 무릅쓰고 간신히 분투하였다. 어느덧 36년이 흘러 누차 상전벽해를 겪으니 형제는 모두 죽고 처자는 전부 세상을 떠나서 나 한 사람만 초라하게 만 리 먼 하늘 아래 형체와 그림자가 서로 비추고 있다. 사람이 목석이 아닌 이상 어찌 괴로운 심정이 없겠는가.

회한을 이기지 못했던지 성재는 그림의 아래쪽에 한 편의 글을 더 써 형님을 기억한다. 우당의 순국 소식이 전해졌을 당시를 떠올린 것이다. '나는 당시 항주에 있었는데, 중국의 수많은 동지들이 서

✦ 항저우 대한민국임시정부 유적지

호공원에서 추도회를 열고 뜨거운 눈물을 흘렸는데, 그 일이 신문에 실렸다.'

1932년 윤봉길 의사의 홍커우공원 의거 직후 백범을 비롯한 임정 요인은 자싱과 항저우로 피신했다. 이곳에서 임정은 대략 5개월여를 활동하는데 그때 형님 우당의 서거 소식을 들었다는 것이다.

✚ 이것이 실제 사진 크기다.

유묵 이외에 눈길을 끈 건 선생이 남긴 유일한 초상 사진이다. 이것은 상반신만 따로 편집해 쓰이기도 하고, 책 표지의 전면을 장식하기도 해 꽤나 큰 사진으로 짐작하고 있었다. 그런데 실제로 보니 가로 4.5cm, 세로 6.8cm로 명함보다 더 작은 크기였다. 근거 없는 내 지레짐작을 탓해야겠지만, 어쩐지 이 '왜소한' 사진 크기가 꼭 우당에 대한 우리들의, 아니 '나'의 관심과 애정의 크기인 것 같아 적잖이 송구스러웠다.

우당 선생의 부인 이은숙 여사가 쓴 『서간도 시종기』 또한 놓치지 말아야 한다. 이은숙 여사는 처절하게 가난했던 베이징 시절, 임신한 몸으로 고국으로 돌아와 삯바느질과 공장 일을 하며 돈을 모아 베이징과 톈진의 우당에게 보냈다. 명문가의 부인이 손수 기생

들의 옷을 만들어 주고 얻은
돈으로 독립운동 자금을 댄
것이다. 그리고 살아서
는 남편을 다시 보지 못
한다. 그 기막힌 이야기
를 풀어 낸 것이 바로 이 책이다.

✚ 『서간도 시종기』

목숨까지 걸어야 했던 숱한 항일 투쟁에도 결코 몸을 사리지 않
았던 우당이 자신의 결의를 표명하며 자주 인용했던 건 맹자의 말
씀이었다. "삶 또한 내가 원하는 바이며 / 의 또한 내가 원하는 바
이지만 / 이 둘을 함께 얻을 수 없다면 / 삶을 버리고 의를 취할지
라." 그런 우당의 의기가 지금도 꼿꼿한 곳은 현충원 애국지사 묘

역이다. 처음에는 개풍군, 지금의 파주 선영 묘역에 모셨지만, 휴전선이 가까워 서울 현충원으로 이장한 것이다.

이곳 애국지사 묘역에는 아들 이규창의 묘도 있다. 집안 전체가 망명을 해 나라를 구하는 데 앞장섰던 우당 일가의 면모를 단적으로 보여 주는 또 다른 증거다. 이규창 선생은 상하이에서 친일파를 처단한 후 일경에 체포돼 서대문형무소와 광주형무소에서 9년 넘게 고초를 겪었다. 해방을 조국의 감옥에서 맞은 것이다. '고국에 오니 집도 먹을 것도 없는 형편'이지만 '망명지에서 순국 아사한 가족'을 생각해 새로운 나라를 만드는 데 힘쓸 것을 권면하는 묘지석 글이 여전히 눈물겹다.

만나고 싶습니다,
진정 만나고 싶습니다

말도 아니고 글도 아닌 무서운 규모

'광야를 달리던 뜨거운 의지여 / 돌아와 조국의 강산에 안기라'

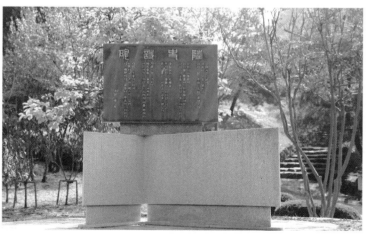

✚ 최초의 이육사 시비

✚ 이육사문학관

조지훈 선생이 쓴 육사 시비 비문의 맺음말이다. 베이징에서 순국
한 선생이 안긴 그 '조국의 강산'은 어딜까? 육사의 시비로는 최초
의 것인 이 비가 서 있는 안동이다. 시인 이육사와 이육사 문학의
고향. 이 시비에 새겨진 유고시 「광야」의 일절처럼 '백마 타고 오는
초인'이 되어 묻힌 고향 안동에서 육사를 만난다.

  '한국 정신문화의 수도' 안동, 그중에서도 대표적 인물인 퇴계
이황 선생의 얼이 깃든 도산서원 방향으로 가다 보면 퇴계 종택을
지난다. 안동호의 물줄기를 따라 더 올라가면 멀지 않는 곳에 이육
사문학관이 자리 잡고 있다. 육사가 퇴계의 14대손이니 자연스러
운 일이다. 이곳은 육사의 고향인 원촌遠村으로, 현재는 이웃 마을인

그들을 생각하면 눈물이 난다

✚ 육우당 ⓒ 이육사문학관

천사川沙와 합쳐져 행정 지명으로는 원천리遠川里다. 육사의 유년 시절 100여 호가 넘었다던 마을은 현재 문학관을 빼고는 호젓하기 그지없다.

흔히 이육사문학관 자리를 육사의 생가 터로 알고 있는데 그렇지 않다. 문학관에서 동쪽으로 백여 미터 가면 포도알을 형상해 만든 「청포도」 시비가 있다. 그곳이 육사 6형제가 태어난 생가, 육우당六友堂이 있던 자리다. 원래 생가는 수몰을 피해 안동 시내로 옮겨졌지만 제대로 복원, 관리되지 못하고 있다. 다만 최근 문학관을 대대적으로 증축하면서 육우당을 복원한단다.

문학관에서 육사의 삶과 문학을 눈으로 살폈다면 이제 발로 그 현장을 답사할 차례다. 이육사문학관 홈페이지에 따르면 육사의 대표작인 「절정」과 「광야」의 시상지가 고향 마을 인근에 있다. 하지

✚ 이옥비 여사 특강 때 서울 한성여고 본관에 걸린 「절정」이다.

만 전자는 서울에 살던 시절인 1940년 발표되었고, 후자는 유작이
니 16세에 고향을 떠난 육사가 이곳에서 시상을 일구었다는 뜻은
아닐 것이다. 다만 늘 타지와 타국을 떠돌며 쫓기듯 살았던 육사가,
정처 없는 마음일 때 떠올렸을 고향이 그의 문학의 원천이었음을
전제한 뜻깊은 추측이리라.

　물론 전혀 근거가 없진 않다. 두 곳 모두 육사가 고향을 그리워
하며 쓴 「계절의 오행」에 보이기 때문이다.

내 동리 동편에 왕모성王母城이라고 고려 공민왕恭愍王이 그 모후母后를 모시고 몽진蒙塵하신 옛 성터로서 아직도 성지城址가 있지마는 대개 우리 동리에 해가 뜰 때에는 이 성 위에서 뜨는 것이었고, 해가 지는 곳은 쌍봉雙峯이라는 전혀 수정암으로 된 두 봉峯이 있어서 그 사이로 해가 넘어가는 것이다.

　이 글에 등장하는 왕모성의 칼선대가 「절정」의 시상지로, 쌍봉의 윷판대가 「광야」의 시상지로 조성되어 있다. 칼선대 아래 서면 '하늘도 그만 지쳐 끝난 高原 / 서리빨 칼날진 그 우'라는 「절정」의 시구가 자연스레 연상된다. 어린 원록에게 이 깎아지르듯 한 절벽

+ 칼선대

은 분명 그렇게 보였을 것이다. 윷판대에서 내려다보는 원촌리 전경 또한 꼬맹이 육사에겐 '부즈런한 季節이 피여선 지고 / 큰 江물이 비로소 길을 열었다'는 광야로 보이지 않았을까.

육사는 같은 글에서 '말도 아니고 글도 아닌 무서운 규모'가 자신을 포함한 형제 여섯 명을 키워 주었다고 쓴 바 있다. 친가로는 퇴계의 후손이니 더 말할 나위도 없겠고 외가 쪽도 만만치 않다. 육사의 어머니 허길 여사의 아버지, 즉 육사의 외할아버지는 만주로 망명한 항일 투사 범산 허형이다. 13도 창의군 군사장으로 유명한 왕산 허위와는 사촌간이기도 하다. 외가 또한 명망가로 항일 투쟁에 헌신한 집안인 것이다.

훗날 왕산은 의병을 이끌고 서울진공 작전을 펼치는 등 활발한

✦ 윷판대에서 바라 본 육사의 고향 마을

항일 투쟁을 전개하다 서대문형무소 '교수형 1호'로 순국한다. 그
런데 육사 또한 이곳에서 두 차례 수감되는 고초를 겪는다. 첫 번
째 수감 당시 찍은 사진이 남아 있다. 사진 왼쪽 하단의 '昭和9年
소화9년'은 1934년이다. 西大門刑務所서대문형무소라는 글자도 또
렷하다.

대한민국임시정부 국무령을 지낸 석주 이상룡 선생 가문과도
육사 집안은 인연이 있다. 석주의 손자며느리인 허은 여사의 고모
가 바로 육사의 어머니 허길 여사다. 허은 여사는 종고모인 육사 어
머니에게 한글을 배웠단다. 허은 여사의 할머니 삼년상 때 창호지
반을 접은 종이에 한글 자음을 적어 알려 주었다는 것이다. 석주 일
가의 잊을 수 없는 망명기 『아직도 내 귀엔 서간도 바람소리가』에
전해진 귀한 사연이다.

민족 시인民族詩人

육사 관련 자료를 찾다 묘소 사진이 드문 게 무척 의아했다. 그런데 묘소 참배를 위해 산을 오르다 보니 이해가 되었다. 육사의 묘소는 문학관 인근에 있는데 산길을 한 시간 정도 올라야 닿을 수 있다. 번듯한 길도 없어 찾기도 쉽지 않다. 그러나 오랜 세월 여러 단체에서 정성껏 걸어 둔 표지판이 있어 길 잃을 염려는 없다. 육사를 기리는 이들이 많아 외딴 곳이지만 선생도 결코 외롭지 않으리라.

앞서 설명했지만 육사는 1944년 1월 16일 새벽 5시 베이징에서

✚ 묘소 표지판

순국했다. 서울 집에서는 곧 부고를 냈다. '陸士李活氏今月十六日別世於北京客舍 玆以訃告(육사 이활 선생이 이번 달 16일 베이징 객사에서 별세하므로 이에 부고함)'이라고 쓰고 동생 원일과 원조, 원창의 이름을 넣었다. 육사의 맏형 원기는 1942년 이미 세상을 떠났고 막내 동생 원홍 또한 1936년 요절했기에 부고장에는 이름이 없다.

✛ 이육사 부고장

부고장에는 초상을 치를 호상소護喪所를 차린 날짜와 주소도 보인다. '甲申一月十九日', 그러니까 1944년 1월 19일 '京城府경성부城北町성북정 122-11'에서 문상객을 받은 것이다.

한자리에 모은 이육사의 형제들
왼쪽부터 이원기, 이원창, 이원일, 이원조, 이육사, 이원홍
(월미도에서 찍은 사진과 불국사 배경사진 편집)

✛ 6형제가 다 함께 찍은 사진이 없어 '264작은문학관'에서 두 장의 사진을 편집한 것이다.

✦ 넓은 종암정 62번지 중 어디가 육사의 거주지인지는 확인할 길이 없다.

그럼 육사 순국 당시 가족들이 서울에 살았다는 말인가. 맞다.
잘 알려지진 않았지만 육사는 서울, 당시의 경성에서 꽤 오래 살았
다. 고향 안동에서 태어나 어린 시절을 보내고, 청년 시절 대구에서
사회운동을 했다면, 서울에서는 작가로서 가장 활발하게 활동했다.
종암동에 거주하던 때에는 대표작 「청포도」와 「절정」을 발표한다.
2016년부터 육사의 탄신일에 성북구청이 '이육사 탄생 기념문화
제'를 여는 이유다.

이 시기에 육사와 가장 가깝게 지냈던 신석초의 흥미로운 증언
도 있다. 하루는 청량리에서 두 사람이 만났고 오후에 종로에서 다
시 만나기로 했단다. 그런데 육사가 다른 약속이 있으니 먼저 가라
고 해 신석초 혼자 전차를 탄다. 그런데 전차 안에서 신석초는 종로

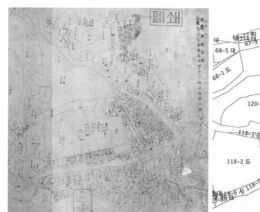

+ 성북정

+ 성북동 122-11번지 지적도

쪽으로 걷고 있는 육사를 발
견했다. 전차표 살 돈이 없
던 육사는 차비를 빌리는 구
차함이 싫어 그 먼 길을 걸
어갔던 것이다. 훗날 신석초
가 육사의 외동딸 이옥비 여
사에게 "너의 아버지는 참으

+ 현재 호상소 위치의 한옥

로 곧은 분이셨다."라고 말하며 들려준 이야기다.

  최근 나는 육사의 호상소 위치를 추적했다. 우선 지금의 성북동
이 일제 강점기에는 '성북정城北町'이었음을 당시 지적도를 통해 확
인했다. 그런 후 현 지적도에서 1938년 7월, 122-11번지가 122-6
번지에서 분할되었다는 기록까지 찾을 수 있었다. 현재 이곳에는

당시에도 있었을 것 같은 한옥 한 채가 얌전히 남아 있다.

아스라한 육사의 자취 하나를 확인하면서 시인 육사와 같은 시대를 살았지만 다른 삶을 산 한 소설가, 그러나 조국의 광복을 보지 못한 육사와 별반 다르지 않게 해방된 조국의 북쪽에서 비극적으로 스러진 한 문인을 떠올렸다. 상허 이태준, 그가 월북 전까지 살던 수연산방壽硯山房이 이곳에서 지척이다. 육사가 「청포도」와 「절정」을 발표한 잡지 〈문장〉의 편집주간이 바로 상허였다.

육사가 베이징으로 이감되기 직전 수감되었던 당시의 동대문경찰서 위치도 확인할 수 있었다. 현재의 동대문경찰서는 1998년 현 위치로 이전했기 때문에 육사가 수감됐던 곳이 아니다. 1933년에 제작된 '경성시가도'를 보면, 종묘의 오른쪽 바로 옆 블록 귀퉁이에 '東大門警察署동대문경찰서'가 확인된다. 이곳에는 현재 혜화경찰서가 자리 잡고 있다.

✤ '경성시가도' 중 동대문경찰서 © 서울역사박물관

✤ '경성유람안내도' 중 청량리역

이옥비 여사는 아버지와의 마지막을 기억하지 못한다고 했다. 다만 1943년 청량리역에서 기차로 베이징으로 이감되기 직전 자신을 업고 면회를 갔던 어머니로부터 당시 상황을 들었다고 한다. 전에 없이 심각한 얼굴을 한 아버지 육사는 딸 옥비의 볼을 비비고 손을 꼬옥 잡는다. 그리고 "아빠 갔다 오마." 라고 지키지 못할 약속을 했단다.

✚ 서대문형무소 수감 당시의 이병희 여사

베이징에서 순국한 육사의 시신은 그럼 누가 수습했을까? 항일 노동운동으로 서대문형무소에 2년 4개월 동안 수감된 독립투사이자 육사의 먼 친척인 이병희 여사다. 그녀의 증언에 따르면 자신이 갇혀 있던 베이징 주재 일본총영사관 지하 감옥에 육사도 끌려왔고, 자신이 출감한 지 며칠 지나지 않아 육사의 시신을 인수해 가라는 전갈을 받았단다.

육사는 눈을 부릅뜬 채 숨이 끊어졌다고 했다. 세 번을 쓸어내리자 그제야 눈이 감겼다고도 증언했다. 이병희 여사는 급히 돈을 마련해 화장을 한다. 하지만 유골을 고국으로 보낼 방법이 없어 어쩔 수 없이 일본총영사관에 통사정을 한다. 우여곡절 끝에 육사의 동생 이원창이 베이징으로 왔고 1월 25일 육사의 유골이 전해진다.

✚ 육사 순국처 내부

    한국전쟁 당시 이병희 여사는 육사의 고향으로 피란을 온다. 전쟁 통의 그 어려운 시절, 육사의 부인 안일양 여사는 은인이 오셨다며 가장 크고 좋은 방을 이병희 여사에게 내주었다고 한다. 왜 그렇지 않았겠는가.

✚ 이육사 묘소

육사의 유골은 미아리 공동묘지에 모셔졌다고 전해진다. 그런데 육사 순국 5개월 후인 1944년 6월 입적한 만해 한용운 선생은 미아리에서 화장을 한 후 망우리 공동묘지에 묻혔다. 1930년대 미아리 공동묘지는 택지 개발 사업으로 망우리로 이전되었기 때문이다. 그렇다면 육사 또한 망우리 공동묘지에 모셔진 게 아닌지 조심스레 짐작해 본다. 고향 뒷산으로 이장된 것은 1962년의 일이다.

✦ 육사 묘비석

육사 묘소는 부인 안일양 여사의 묘와 나란히 자리 잡고 있다. 고향 마을이 내려다보이는 환하고 따뜻한 곳이다. 어둡고 찬 감옥에서 열일곱 번이나 고초를 겪었고 숨을 거둔 선생이기에 특히 더 마음이 놓였다. 묘비석에는 오직 육사에게만 허락될 '民族詩人민족시인' 넉자가 당당하게 빛난다. 나는 이곳에서 「오랑캐 꽃」의 시인 이용악이 육사에게 보낸 엽서의 한 구절을 떠올렸다. '만나고 싶습니다, 진정 만나고 싶습니다.'

한평생 꿈을 추구한 사람

기왕 육사의 고향까지 갔다면 이원록이 이육사가 되었던 곳, 청년 육사의 숨결이 남은 대구도 둘러보면 좋겠다. 대구는 일본과 중국 유학을 다녀온 육사가 시인과 기자로서 본격적인 사회생활을 시작한 곳이다. 1930년 육사는 〈조선일보〉에 「말」을 발표하고, 〈중외일보〉와 〈조선일보〉 기자로 활동하기도 했다.

청년 육사의 대구 생활은 평탄치 않았다. 1927년에는 장진홍 의거와 관련해, 1930년에는 광주항일학생운동의 여파로, 1931년에는 다시 대구격문사건으로 체포, 구금, 석방을 반복한 것이다. '홋트러진 갈기 / 후주군한 눈 / 밤송이 가튼 털 / 오! 먼 길에 지친 말 / 채죽에 지친 말이여!' 당시 육사가 발표한 「말」의 일절은 육사가 식민지 현실에 정면으로 응전했을 때 겪어야 했던 고초를 생생하게 보여 준다.

✦ 박현수 교수

✛ 264작은문학관

육사와 대구의 이런 인연에도 불구하고 시인을 기리는 공간이
없어 안타까웠던 박현수 교수는 사비를 털어, '264작은문학관'을
개관한다. 육사가 대구에서 처음 거처를 정했던 작은아버지 집과
기자로 활동했던 신문사 터 인근이다. 문학관 건물은 1930년대 지
어진 적산敵産 가옥으로 당시에는 일본 헌병대장이 살았단다. 육사
를 옥죄었던 시대와 그를 핍박했던 권력이 쫓겨난 자리에, 세상에
묻히지 않는 시를 썼던, 그래서 '한평생 꿈을 추구한 사람'을 기리
는 문학관이 들어선 것이다.

육사의 삶과 문학을 깔끔하게 정리한 자료와 레고로 만든 작품
까지, 문학관의 전시물을 흐뭇하게 내려다보는 글귀가 있다. 마룻

대에 쓰인 「광야」의 일절 '내 여기 가난한 노래의 씨를 뿌려라'라는 시구다.

그 옆으로 李沃非이옥비라는 이름이 보이는데 바로 육사의 유일한 혈육 이옥비 여사의 존함이다. '옥비'라는 이름이 참 예뻐, 역

✦ 2017년 저자가 근무하는 한성여고에서 특강하실 때의 이옥비 여사다.

시 시인이라 따님 이름도 남달리 지으셨구나 싶은데 한자는 전연 뜻밖이다. 딸이 태어나고 한참을 고심하다 백일 때에 지어 주셨다는 이름 옥비, 기름질 옥 - '沃'에 아닐 비 - '非', 그러니까 '기름지지 말아라, 부유하지 말아라, 욕심 부리지 말고 담백한 삶을 살아라.'라는 뜻이다. 이옥비 여사는 자신에게 아버지가 사시던 삶의 무게를 얹어 주신 거라고, 아버지의 유지遺志가 자신의 이름 속에 남아 있다고 말했다.

육사의 이름을 기억하려고 빚까지 얻어 문학관을 세운 연구자, 아버지가 지어 준 이름의 무게를 감당하고 사시는 따님 등 '마침내 저버리지 못할 약속'을 지키고 사시는 분들을 안동과 대구에서 만날 수 있다.

이곳은 안중근 의사의 유해가 봉환되면 모셔질 자리로 1946년에 조성된 가묘입니다.

효창공원

안중근 가묘

장충단

동대입구역

약수

박문사 터

서시

시인의 언덕

윤동주 문학관

북악산

윤동주 하숙집 터

안산

핀슨홀과 시비

언더우드 동상

연세대학교

의거와 순국의
현장을 찾아서

1
국권이 회복되거든
고국으로 반장해다오

하얼빈과 안중근

천하에 가을이 걸렸다

만주어로 '그물을 말리는 곳'이란 뜻의 한 강변 마을로 두 사람
이 향한다. 한 조선인은 1909년 10월 21일 오전 8시 50분, 러시아
블라디보스토크에서 우편 열차의 삼등칸에 오른다. 당시 러시아와
청나라의 국경 지역인 쑤이펀허綏芬河에서 1시간 정도 정차했고, 다
시 여행을 시작해 22일 밤 9시 15분 목적지에 도착한다.

하얼빈으로 오기 7개월 전인 1909년 3월, 그 조선인은 동지 11
명과 함께 '동의단지회'를 결성하고 조국을 위해 목숨 바칠 것을 각
오하며 왼쪽 무명지를 자른다. 그리고 그 선혈로 태극기 네 모서리
에 '大韓獨立대한독립'이라고 쓴다.

10월 18일, 당시 일본 점령지였던 다롄大連에 도착한 한 일본인

그들을 생각하면 눈물이 난다

은 몇 가지 일정을 소화하고, 25일 아침 창춘 인근의 콴청 쯔寬城子에서 하얼빈哈爾濱으로 향한다. 그가 탄 열차는 객차가 세 량만 달린 특별 열차였다. 그는 10월 26일 오전 9시경 목적지에 닿는다.

하얼빈으로 향하던 일본인은 당시 만주의 이권을 다투던 러시아 재무장관과의 만

✛ 미국에서 발행된 안중근 엽서

남이 부담스러웠던지 쉽게 잠들지 못한다. 그는 시로써 불면을 견딘다. '만 리 평원 남만주 / 풍광은 광활하고 천하에 가을이 걸렸다'며 외부로 향하던 시선은 '여행자에게 어두운 걱정으로 깃드네'라며 불안한 내면으로 향한다. '어두운 걱정', 마치 26일 하얼빈의 아

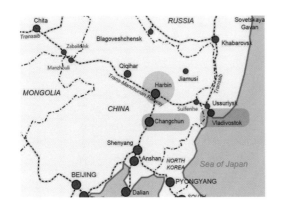

침을 스스로 예견한 듯한 표현이다.

이미 짐작했겠지만 백여 년 전 하얼빈에서 조우했던 조선인과 일본인은 안중근 의사와 이토 히로부미다. 우리에게 안 의사가 '영

웅'인 것처럼 일본인에게 이토 히로부미 또한 근대 일본의 기틀을 잡았던 위대한 정치가로 평가받는다. 그는 제1대 내각총리대신, 제1대 조선통감, 초대 추밀원 의장, 귀족원 의장 등을 역임했다.

통쾌하게 네 발을 쏘았다

두 사람이 딱 한 번 공유했던 시공간을 객관적으로 기록하고 있는 건 아이러니하게도 안중근 의사의 사형 선고문이다. 1910년 2월 14일 오전 10시 30분경, 뤼순旅順 소재 관동법원 마나베 주조真鍋十藏 재판장은 다음과 같이 사형 선고 이유를 밝힌다.

피고 안중근은 메이지 42년 10월 26일 오전 9시가 조금 지난 시각에, 러시아 동청철도 하얼빈 정거장 내에서 추밀원 의장 공작 이토 히로부미와 그 수행원을 살해할 의사를 가지고 그들을 겨누어 그가 소유하고 있던 권총을 연사하여, 그중 세 발을 공작이 맞아 사망에 이르게 했다.

이제 '메이지 42년', 그러니까 1909년 10월 26일 새벽으로 가보자. '피고 안중근'이 아니라 '대한국 의병 참모중장 안중근'의 심정으로 말이다. 우리를 백여 년 전 과거로 인도할 첫 번째 자료는 뤼순감옥 수감 당시 안 의사가 남긴 『안응칠 역사』다. '아침 일찍 일

✦ 안중근 의거 당시 하얼빈역   ✦ 현재의 하얼빈역

어났다. 깔끔한 새 옷은 모두 벗고 양복으로 갈아입은 뒤에 권총을 지니고 바로 정거장으로 갔다. 그때가 오전 7시쯤이었다.' 의거 당일 기록이다.

러시아어 통역을 부탁해 쑤이펀허부터 동행한 유동하가 따라오지만 안 의사는 그를 돌려보내고 홀로 하얼빈역으로 향한다. 역 안 찻집에서 기다리자 9시쯤 이토 히로부미를 태운 특별 열차가 도착한다. 당시 러시아는 일본 측에 환영 인파에 대한 통제를 제안했다. 하지만 일본은 동양인에 대한 검문 요청을 받아들이지 않았다. 당일 역에 나온 동양인 대부분은 이토 히로부미를 환영하려는 일본인이라고 예상했기 때문일 것이다.

열차가 정차하자 러시아의 코코프체프 재무장관이 열차에 오른다. 이토 히로부미는 열차에서 내릴 계획이 없었기 때문이다. 환담을 마친 코코프체프는 이토 히로부미에게 한 가지 제안을 한다. 추운 날씨에도 불구하고 많은 이들이 당신을 위해 모였으니 잠시 열차 밖으로 나가자고. 사소한 우연이 거대한 역사의 단초가 된 것이다. 이어지는 『안응칠 역사』 기록이다.

✚ 의거 직전의 하얼빈역

> 군대가 줄지어 있는 뒤편에 이르러서 바라보니, 러시아의 관리들이 호위하고 오는데 그 앞쪽에 얼굴은 누렇고 수염은 흰 조그마한 늙은이 하나가 있었다. 어찌 이처럼 몰염치하게 감히 하늘과 땅 사이를 마음대로 다니는가. 생각건대 이는 이토, 늙은 도적이 분명했다. 곧 권총을 뽑아 들고 그 오른쪽을 향하여 통쾌하게 네 발을 쏘았다.

실제로는 이토 히로부미에게 세 발을 명중시킨 안 의사는 이어 주변 수행원을 향해 세 발을 더 쏜다. 자신이 처단한 인물이 이토 히로부미가 아닐 수도 있다는 생각에서다. 그리고 안중근 의사는 크게 세 번 외친다. "Корея! Ура! 코레아 우라! 한국 만세!" 러시아어를 선택한 건 당시 하얼빈이 청나라 영토이긴 하지만 러시아의 관할지였기 때문이다.

✚ 현재의 의거 장소

　의거 이후 일본은 자신들의 '영웅'이 쓰러진 자리를 표시하고 이를 기념했다. 그러나 현재 이곳은 이토 히로부미를 기념하는 장소가 아닌 안중근 의사의 의거를 기억하는 장소가 되었다. '安重根击毙伊藤博文事件发生地(안중근이 이토 히로부미를 사살한 사건이 발생한 곳)'이라는 안내문이 또렷하기 때문이다.

　현재 하얼빈 역내의 '안중근의사기념관'에는 당시 의거 일시를 기록한 곳이 두 군데 있다. 하나는 기념관 입구의 시계로, 의거 성공 시간인 오전 9시 30분에 시계 침이 고정돼 있다. 또 한 곳은 앞서 설명한 안내문 바로 옆으로 의거 날짜인 '1909.10.26.'이 쓰여 있다. 그리고 바로 그날 그 시각 안중근 의사가 섰던 자리는 세모로, 이토 히로부미가 쓰러진 자리는 네모로 표시해 두었다.

✦ 기념관 입구 시계

An Chonggen, who was arrested
after having assassinated Ito Hirobumi

체포 직후 안 의사는 하얼빈 역내 러시아 헌병분파소에서 간단한 심문을 받는다. 그리고 어디론가 끌려간다. '오후 8~9시쯤에 러시아 헌병 장교가 나와 함께 마차를 타고 어느 방향인지 모를 곳으로 가더니, 일본영사관에 이르러 나를 넘겨주었다.'

청나라 영토에서 러시아 헌병에게 체포된 조선인 안중근은 왜 일본영사관으로 인계되었을까? 의거 직후 코코프체프가 작성한 보고문에 그 단서가 있다. '살인자는 대한제국 국적을 소유한 자다. 외교권이 없는 대한제국에서는 일본법이 적용되므로 모든 사건은

일본총영사관에 넘겨질 것이다.'

의거 다음 날인 10월 27일에는 뤼순 관동도독부에서 파견된 검찰관 미조부치 다카오溝淵孝雄가 그 이유를 다시 설명한다. 이때 그가 든 가장 중요한 법률적 근거가 을사늑약이다. 일제가 대한제국의 외교권을 박탈한 이 강제 조약을 체결케 한 이가 바로 이토 히로부미다.

하지만 이런 흉계에 개의치 않고 안 의사는 자신이 이토 히로부미를 처단한 15가지 이유를 당당히 밝힌다. 그를 단순 살인범으로 몰아가려던 일제는 당황할 수밖에 없었다. 왜냐하면 안 의사의 주장은 당시 조선의 실정뿐만 아니라 일제의 동양 침략 야욕을 속속들이 밝힌 것이기 때문이다.

이에 일제는 '세련된' 혹은 '교묘한' 외교적 절차를 진행함과 동시에 자신들이 원하는 '안중근 이미지'를 만드는 데 골몰한다. 당시로서는 첨단 기술인 사진을 활용한 것이다. 의거 직후 러시아 헌병대에서 처음으로 찍힌 사진 속 안 의사는 차분하고 당당하다. 그런데 일본영사관으로 이감된 후 찍힌 사진에서

안 의사는 불안하고 당혹스러운 표정이다. 안 의사를 포승줄로 묶고 강제로 무릎을 꿇게 한 후 사진을 찍었기 때문이다.

이 사진을 신문에 게재했던 일제는 20여 일 후 같은 신문에 또 한 장의 안 의사 사진을 싣는다. 단지 한 왼손 무명지가 강조되도록 왼팔을 'ㄴ' 자로 어색하게 들고 찍은 사진이다. 그리고 이 사진 바로 옆에 안중근 의사의 가족사진을 같이 배치한다. 일제는 왜 이런 사진을 찍고 이를 또 신문을 통해 공개했으며 심지어 엽서로까지 만들어 배포했을까?

몇 가지 분명한 의도가 있다. 포승줄에 묶인 범죄자 이미지, 무릎 꿇은 비굴한 이미지, 정면상의 비문명인의 이미지, 잘린 손가락의 '야쿠자' 이미지, 가족사진과의 대비를 통한 파렴치한의 이미지 등등. 일제는 안 의사를 겁박하는 것도 모자라 의거 다음 날 하얼빈에 도착한 안 의사의 부인과 두 아들을 자신들의 영사관으로 데려와 사진을 찍고 이렇게 악용했던 것이다.

그런데 이보다 더 안타까운 일이 있었다. 안 의사와 부인, 그리고 두 아들은 같은 건물에 있었지만 만날 수 없었다. 당시 서로는 모르고 있었지만 그것이 이승에서 가장 가깝게 가족 모두가 모인

그들을 생각하면 눈물이 난다

✚ 하얼빈 의거 당시 일본영사관　　✚ 현재 일본영사관 자리

마지막 자리였다.

　　그때의 하얼빈 일본 영사관은 현재 사라졌다. 다만 그 자리에 옛 건물 모양과 비슷하게

신축된 학교 건물이 들어섰다. 이곳을 답사하다 놀라고 감격한 일이 있다. 답사 전에는 이곳이 당시 건물도 아니고 내부를 둘러볼 수도 없어 큰 기대를 하지 않았다. 그런데 이 건물터를 설명한 안내문을 보곤 하얼빈의 추운 날씨로 떵했던 머리가 더 멍해졌다. 그 안내문에는 매우 예외적으로 안중근 의사가 이곳에 수감되어 있었던 기간, '1909.10.26.~1910.11.1.'이 선명하게 표시되어 있었다.

해방이 되면 고국으로 반장해다오

따뜻한 만두로 저녁을 해결한 우리는 기대와 부끄러움을 안고 안중근 의사가 '하얼빈공원'이라고 불렀던, 지금의 자오린兆麟공원을 찾았다. 세계 3대 빙설제氷雪祭 중 하나로 꼽히는 '하얼빈 국제 빙설제'가 시작된 곳이다. 지금이야 쑹화강松花江에서 열리는 대규모 전시에 그 영광을 빼앗겼지만 아기자기한 맛을 즐기는 이들은 여전히 이곳을 많이 찾는다. 우리 또한 눈과 얼음, 그리고 색색의 조명이 만들어 내는 색다른 풍광을 기대하며 한껏 마음이 부풀었다.

그런데 빙설제를 즐기기 전 우리가 해야 할 일이 있었다. 안중근 의사의 유묵 중 '青草塘청초당'과 '硯池연지'가 새겨진 비석을 찾는 일이다. 아주 큰 공원은 아니지만 그 안에 있는 작은 비석을

그들을 생각하면 눈물이 난다

찾기란 쉽지 않았다. 영하 20도에 육박하는 추위도 우릴 괴롭혔다. 인터넷 검색을 통해 대략의 위치를 추정하고 공원 이곳저곳을 뛰어다녔다. 춥고 막막할 때 나는 안중근 의사의 유언을 떠올렸다.

내가 죽은 뒤에 나의 뼈를 하얼빈공원 곁에 묻어 두었다가 우리 국권이 회복되거든 고국으로 반장해다오. (…) 나는 천국에 가서도 또한 마땅히 우리나라의 회복을 위해 힘쓸 것이다. 대한 독립의 소리가 천국에 들려오면 나는 마땅히 춤추며 만세를 부를 것이다.

이곳을 찾을 때 기대뿐만 아니라 부끄러움도 안고 왔다고 했는데, 그 부끄러움의 이유는 안 의사의 유언 두 가지를 그때도 지금도

우리가 받들지 못하고 있기 때문이다. 순국 직후 일제는 안중근 의사 유해를 뤼순감옥 공동 묘지에 함부로 '처리'한다. 밖에서 기다리고 있던 두 동생이 온몸으로 항의하고 간곡히 부탁했지만 소용이 없었다. 두 사람은 통곡만 하고 돌아와야 했다.

나라를 되찾은 직후 고국에 돌아온 백범은 효창원에 삼의사 묘역를 조성하고 그 가장 첫 머리에 안중근 의사의 묘를 마련하지만 유해를 모시지 못한 가묘였다. 조국 독립을 위해 자신의 모든 것을 바쳤건만 못난 후손들은 의사의 마지막 부탁을 아직까지 들어주지 못하고 있다. 국권이 없는 고국에는 죽어서도 돌아가고 싶지 않아 하얼빈에 잠시 묻히고 싶다던 소박한 소원도, 조국이 해방되면 그때서야 기쁜 마음으로 유해라도 돌아가고 싶다던 그 간곡한 소원도, 그 어떤 것도 말이다.

우여곡절 끝에 청초당 비석을 찾은 나는 일행을 부르는 것도 잊고 잠시 고개를 숙였다. 그리고 눈물이 흐르는 걸 꾹 참고 동행을 모았다. 간단한 설명을 곁들일 때 적잖은 이들이 눈물을 훔쳤다. 어찌 그토록 무심하고 무지했는지 각자를 질타하는 마음이 하얼빈 밤 추위보다 더 매서웠다. 비석 앞 연못 이름이 '청초당'이고 이를 하얼빈시 당국이 조성했다는 설명에는 목이 멜 수밖에.

'강철로 된 무지개'. 해방되기 한 해 전, 베이징 혹한의 날씨에 일제 감옥에서 맞아 죽은 한 시인의 비유가 꼭 어울리는 하얼빈의 겨울이었다. 그 투명한 얼음과 화려한 조명이 빚은 빛의 향연 속에서 나는 무척 외롭고 부끄러웠다. '북쪽 툰드라'에도 새벽이 오고 꽃봉오리 트일 그 일을 '마침내 저버리지 못할 약속'으로 믿었던 항일 투사들의 무섭도록 단단한 자기 확신이 내겐 없기 때문이다.

정율성 동지의 노래도 불멸하리라

하얼빈 시내에는 안중근 의사 외에도 중국인들이 기억하는 조선의 항일 투사가 있다. 중국인들에게 '인민음악가'로 추앙되는 정율성 선생이다. 백두산 천지에서 발원하는 지류 중 하나인 쑹화강 바로 옆에 위치한 '인민음악가 정율성기념관'에는 선생의 위상을 단박에 알 수 있는 전시물이 있다.

✦ 인민음악가 정율성 기념관

중화인민공화국 성립 60주
년이던 2009년, '신중국新中國'
성립에 기여한 100명의 영웅
을 선정할 때 선생이 뽑힌 것
을 증명하는 책자와 기념장이
다. '재중국 3대 악성樂聖'이란

명예는 오래고 당연한 것이었다. 그런데 선생은 음악가이기 앞서
약산 김원봉이 난징에 세운 조선혁명군사정치간부학교 2기로 간부
훈련을 받고 항일 투쟁의 최전선에 섰던 열혈 투사였다.

정율성 선생이 항일 투쟁의 길을 걸었던 건 지극히 자연스러운
일이었다. 아버지와 외삼촌, 그리고 세 명의 형과 한 명의 누이 모
두 독립운동에 헌신했기 때문이다. 3·1 만세운동에 적극 참여했다
중국으로 망명한 첫째 형과 둘째 형, 의열단 출신으로 정율성 선생
을 난징으로 데려온 셋째 형, 그리고 의열단과 임시정부에서 독립
운동을 하던 매형 박건웅을 도와 혁명에 일조하기 위해 중국행을
택한 누이까지, 5남매 모두가 항일 투쟁에 나섰던 것이다.

그럼 선생은 언제 어디서 음악을 배웠을까? 어린 시절의 재능
만 가지고 15억 중국인이 지금도 즐겨 부르는 노래를 작곡했을 리
없으니 말이다. 간부학교를 졸업한 정율성 선생은 난징에서 첩보
활동을 하면서 상하이로 음악을 배우러 다닌다. 일본인의 전화를
감청하던 그의 신분을 위장하고 동시에 음악적 재능을 활용하기

✦ 오웬기념각. 어린 시절 정율성은 문화 행사가 자주 열렸던 집 근처 이곳에서 음악적 소양을 길렀을까?

위한 의열단의 배려와 복안이었을 것이다. 이때 선생은 본명 '부은富恩' 대신 '선율대성旋律大成'의 약자인 '율성律成'으로 개명한다.

전라남도 광주 출신의 항일 투사 정율성 선생 기념관이 하얼빈 한복판에 있다는 반가운 마음도 잠시, 모든 전시물의 설명이 중국어로만 된 사실을 깨닫곤 착잡한 마음을 금치 못했다. 전시관을 나올 때는 선생의 음성으로 '메기의 추억'이 흘러나오자 뭉클한 마음도 적지 않았다. 선생에게 독립운동은 어쩌면 고향으로 돌아가고픈 간절한 소망의 구체적 실천이었을 거라는 데 생각이 미친 것이다.

그만큼의 절절한 마음은 아니라도 적잖은 간곡함으로 뵙기를 원했던 이가 한 분 있다. 정율성 선생의 따님, 정소제鄭小提 여사다.

베이징에서 항일 답사를 할 때마다 정
율성 선생 묘소를 참배했고, 또 그
때마다 교민들에게 베이징에 거
주하는 정소제 여사와 만날 기
회가 있으면 꼭 연락을 달라고
부탁했다. 말이 씨가 된다면 이것
보다 더 좋은 일은 없겠지 싶어 일
부러 한 말이기도 했다.

✛ 정소제 여사

그러던 중 합창단 창단을 준비하던 분들을 통해 정소제 여사와
저녁 식사를 할 수 있었다. 우리말을 할 순 없어도 듣고 이해하는 데
어려움이 없는 정 여사와 여러 이야기를 나누었다. 항일 투쟁사를
공부하고 이를 학생들과 나누며 기회가 있을 때마다 교민들과도 공
유한다는 이야기를 무척 흥미롭게 들어주셨다.

여사님과 이런저런 이야기를 나누는 중에 귀에 익은 노래가 핸
드폰 벨로 울렸다. 정율성 선생이 작곡한, 중국인민해방군의 공식
군가 '중국인민해방군 군가'였다. 내가 동석한 이들에게 간단히 설
명을 하자 정 여사는 멋쩍어하시면서도 깊은 자부심을 보였다. 왜
그렇지 않겠는가.

하얼빈 정율성기념관에서의 일이 기억나 정율성 선생이 말년에
고향을 많이 그리워했는지 여쭈었더니 정소제 여사는 그것과 관련
된 일화를 하나 들려주었다. 2014년 전라남도 화순을 방문했을 때,

자신을 환영하던 많은 사람들이 갑자기 '메기의 추억'을 부르더라는 것이다. 당신은 아버지가 좋아한 노래라 곡은 알고 있었지만 한국어로 된 가사는 모르고 있었던 터라 그 노래가 고향을 그리워하는 노래인지는 몰랐단다. 그런데 아버

✦ 정율성 묘비석 뒷면. 선생의 약력에 '中国人民解放军军歌중국인민해방군 군가'가 가장 먼저 등장한다.

님이 어린 시절을 보낸 화순에서 마을 사람들이 그 노래를 불러 준 것이다. 그때 눈물을 왈칵 쏟았단다.

마침 식사 자리에는 베이징교민합창단 지휘자와 베이징소년소녀합창단 단장이 있었다. 노래하는 분들이라 그런지 정 여사의 이야기를 듣고는 가만있질 못한다. 또다시 '메기의 추억' 합창이 이어졌고 정소제 여사는 한 번 더 회상에 잠기는 듯했다.

첫 한국 방문 때의 이야기도 흥미로웠다. 정율성 선생은 한국전쟁 당시 서울에서 우연히 『조선궁정악보』를 입수하고, 전쟁 중에도 이를 애지중지 보관하다 중국으로 가져갔다. 그런데 정율성 선생 사후 유족들의 뜻에 따라 이 책을 한국에 기증했단다. 정소제 여사는 1997년 이 귀한 유물을 한국에 전달할 때 어머니 딩쉐쑹丁雪松 여사와 함께 처음 방한했던 것이다.

정소제 여사는 유쾌한 에피소드로 이야기를 마무리했다. 정율성 선생도 무척 소탈하고 주위 사람들을 편하게 해주었다고 하던데 아버지의 성격을 똑 닮았다. 정 여사는 현재 '베이징바로크합창단' 단장으로 활동하는데, 한국에서 초청을 받았을 때의 일이란다. 공연 일정이 하필 추석 연휴라 베이징에서 서울로 가는 비행기 표를 구할 수 없어 급히 톈진으로 가 겨우 서울행 비행기를 탔단다.

그런데 서울에 도착하고서도 문제가 생겼다. 귀향길 정체로 공연 시간이 다 되었는데도 버스 안이었던 것이다. 버스 안에서 옷을 갈아입고 화장도 하고 '입도 맞춘' 합창단원들이 공연장에 도착했을 때, 그러나 관객들은 거의 대부분 자리를 지키고 있었다. 리허설도 못 하고 바로 무대에 섰지만 무척 즐거운 공연이었단다.

선생이 음악가이다 보니 음악을 하는 분과의 인연 하나를 더 소

✚ 정율성 선생의 고향 전라남도 광주에 조성된 동상과 거리다.

그들을 생각하면 눈물이 난다

개한다. 정율성 선생이 묻힌 곳은 베이징 '팔보산혁명공묘八寶山革命
公墓'로 중국 국무원의 비준을 받은 이들만이 안장될 수 있는 곳이
다. 우리로 치면 서울 동작동 국립묘지에 해당한다. 선생은 그중에
서도 직급이 가장 높은 1구에 안장돼 있다.

한번은 선생의 묘소를 참배한 후 묘역을 둘러볼 자유 시간을 주
었는데 답사 참가자 한 분이 내게 오더니 이런 이야기를 했다. 오늘
아내와 함께 왔는데, 중국 군악대 출신인 부인이 깜짝 놀라더란다.
자신이 군대에서 수천 번도 넘게 연주한 '중국인민해방군 군가'의
작곡가가 한국 사람이란 걸 오늘에야 알았다면서 말이다. 선생 묘소

✤ 팔보산혁명공묘

비문에는 '인민은 영원할 것이고 정율성 동지의 노래도 불멸하리라.' 라고 적혀 있는데, 결코 허튼소리가 아님을 확인하는 순간이었다.

여자 안중근과 731부대

우리는 한 분의 여성 독립투사를 기억하기 위해 다시 하얼빈 거리로 나섰다. '독립군의 어머니'로 평가되고 최근에는 영화 '암살'의 여주인공 '안옥윤'의 모델로 회자되는 항일 투사 남자현 여사다. 그녀는 '여자 안중근'으로 불린다. 1932년 하얼빈을 방문한 국제연맹조사단에게 왼쪽 무명지를 끊고 '朝鮮獨立願조선독립원'이란 혈서를 보낸 일과, 1933년 주만주국 전권대사이자 관동군 사령관인 무토 노부요시武藤信義를 처단하려다 일경에 체포된 의거 때문이다.

독립기념관 국외독립운동사적지에 따르면 1933년 남자현 여사가 구금, 고문당한 하얼빈 일본영사관은 안중근 의사가 구금된 곳과 다르다. 1924년 짓기 시작한 후기의 하얼빈 일본영사관에 안중근 의사가 감금될 수 없는 건 분명하지만, 남자현 여사가 이곳에 갇혀 있었다는 정보 또한 정밀한 고증이 필요할 것 같다. 왜냐하면 이 건물의 안내문에 따르면 이곳은 낙성 직후 남만주철도주식회사 하얼빈 주재 사무소로 쓰이다, 1936년에야 일본영사관으로 사용되었기 때문이다.

하얼빈 마지막 일정으로 다른 측면에서 결코 잊어선 안 되는 곳

✦ 후기 하얼빈 주재 일본영사관

을 방문했다. '731부대'의 만행을 증언하며 바로 그 부대가 있던 자리에 들어선 '侵华日军第731部队罪证陈列馆(중국 침략 일본군 제731부대 범죄 증거 전시관)'이다. 나치 독일의 유태인 학살을 잊지 않기 위해 베를린에 세운 '유태인박물관'을 연상시키는 이곳의 첫 인상은 아이러니하게도 매우 세련되었다는 것이다.

봄가을이라면 소풍이라도 오고 싶은 이곳이 대량 학살을 위한 생화학 무기를 개발하고, 산 사람을 대상으로 생체 실험을 한 곳이라니 도무지 믿기지 않았다. 항일 투사를 투옥시키고 고문했던 감

✚ 731부대 내부

옥이 학교로 바뀌고, 갖은 만행을 저질렀던 군부대 부지가 전시관
으로 변한 세월이 반갑지 않을 리 없지만, 우리는 지금 – 여기에서
그때 – 이곳을 결코 잊지 말아야 한다.

그런데 나는 이곳에서 끔찍한 역사적 기시감에 몸서리쳤다.
731부대가 관동군 예하 부대였다는 사실을 확인한 것이다. 관동군
은 일본이 남만주 철로를 보호하기 위해 배치한 철도 수비대가 모
태가 되는데, 이토 히로부미가 하얼빈에 올 때 이용한 철로가 바로
남만주 철도다. 일제의 군사적 진출은 결국 경제적 수탈과 동의어
였던 것이다.

비극적 접점은 여기서 끝나지 않는다. 관동군이 실질적 권력을
행사했던 괴뢰 정권 만주국의 경제를 좌지우지했던 이는 '쇼와의

요괴'라 불렸던 기시 노부스케다. 그는 전후 A급 전범 용의자로 지목되지만 처벌을 받기는커녕 훗날 일본 총리에까지 오른다. 그런데 '평화 헌법'을 폐지하고 '전쟁 가능 국가'를 꿈꾸는 현 일본 총리 아베 신조安倍晉三가 그의 외손자다.

일제의 만주 침략과 약탈의 선봉 관동군과 만주국 군대에는 조선인도 적지 않았다. 그들의 주된 임무는 만주 지역의 항일 투사를 체포, 고문, 학살하는 것이었다. 그런데 그들 중 일부가 해방 후 새로 건국된 대한민국의 지도적 위치를 차지했다. 이제는 과거일 뿐이라고 여겼던 731부대, 그곳에서 느꼈던 서늘한 공포의 실체는 그 역사가 여전한 현재라는 사실이었다.

너는 스물아홉에
영원이 되고

명동, 용정과 윤동주

윤동주 묘소 약도와 모교

내가 무척 소중하게 간직하고 있는 작은
약도가 있다. 짧지 않은 베이징 생활을 정리
할 때 간추린 몇 안 되는 기념물이기도 하
다. 하지만 이 약도는 그곳 사람이 아니면
알아볼 수 없게 방위 표시도 없고 지형을 그
린 것도 조악하기 그지없다. 그 자체로는 보
잘것없는 메모지만, 여기에 쓰인 '명동', '용
정', '윤동주 묘'라는 글씨와 이것을 그린 분
의 정성과 애틋한 사연으로 내겐 근사한 기
념품이 되었다.

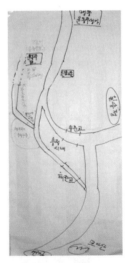

✦ 윤동주 묘소 약도

그들을 생각하면 눈물이 난다

✦ 백두산 천지

　베이징 생활을 시작하던 2013년 여름, 나는 의무감과 호기심이 반씩 섞인 마음으로 중국 동북 여행을 계획했다. 많은 한국 사람에게 백두산과 고구려 유적은 여행지라기보다는 평생에 한 번은 마땅히 방문해야 할 '성지' 같은 곳일 게다. 중국에 사는 교민들에게는 의무감이 한층 더한 것 같다. 중국에 산다고 해서 이곳과의 공간적 거리가 좁혀진 건 아니지만 어떻든 '한 나라'에 있으니 한국에 사는 이들보다 정서적으로 가깝게 느껴지는 건 사실이다.

　의무감이 앞서지만 여행에 대한 기대감과 호기심이 없다는 말은 아니다. 누군들 백두산 천지를 자신의 두 눈에 담고 싶지 않겠는가. 유리벽에 갇혀 맘 놓고 만져 보지 못하는 광개토대왕비 대신 장

✚ 장수왕릉

수왕릉의 그 장한 석재를 쓰다듬고 싶지 않겠는가. 청둥오리의 푸른빛을 닮았다는 압록강이 사실은 그리 맑지 않다는 사실을 서글프게 확인할 수 있으며, 유람선을 타고 '두만강 푸른 물에' 손을 담글 수 있으니 여행의 기대감 또한 작지 않다.

문학 선생인 내게 중국 동북 지방은 무엇보다 윤동주가 태어나고 묻힌 곳으로 기억된다. 고구려의 두 번째 수도인 국내성, 지금의 지안集安을 답사하는 것으로 여행을 시작했지만 윤동주의 흔적을 찾는 것으로 여행을 마무리한 이유가 여기에 있다. 하지만 답사가 아니라 여러 가족들과의 여행이었기에 윤동주 유적 중 꼭 보고 싶은 한 곳을 정할 수밖에 없었다. 그때 선택한 것이 윤동주의 묘소

다. 생가는 윤동주 당시의 것이 아니며 모교로 알려진 용정龍井중학 역시 엄밀한 의미에서는 윤동주가 공부한 곳이 아니기 때문이다.

그런데 곧 난관에 부딪혔다. 중국과의 수교 직후부터 많은 한국 인들이 백두산을 오르고 고구려 유적을 둘러보았다. 그리고 윤동주 의 고향까지 발길을 한 이들도 적지 않다. 하지만 그들 대부분은 윤 동주의 생가와 용정중학 정도까지만 윤동주의 자취를 더듬었다. 전 문 연구자가 아닌 일반 여행객들은 윤동주 묘소 참배를 상상하지 못했고 그래서 관련 자료가 거의 없었다.

용정에 윤동주 묘가 있다는 사실은 여러 자료를 통해 알고 있었 지만 묘소의 정확한 위치를 알 수 있는 글은 찾을 수 없었다. 여행 중 윤동주 특강을 하기로 약속한 나는 초조하지 않을 수 없었다. 그 래서 우연히 알게 된 '연변윤동주연구회' 홈페이지에 적힌 이메일로, 누군지도 모를 이에게 편지를 썼다. 지푸라기라도 잡는 심정으로 말이다.

그런데 작은 기적이 일어났다. 답장이 온 것이다. 그러나 기쁨은 오래가지 못했다. 용정에 살고 계신 그분은 자신에겐 익숙한 지리 정보를 바탕으로 윤동주의 묘 위치를 설명했는데 그곳 지형을 전혀 모르는 나로서는 글을 읽고도 위치를 짐작할 수 없었기 때문이다. 그런 내 답답한 심정을 아셨을까. 며칠 뒤에 다시 이메일이 왔다. 이번에는 몇 장의 사진과 직접 그린 약도까지 첨부되어 있었다. 글로만 설명한 것이 당신도 미진하다고 생각했던지 직접 윤동주 묘 초입까지 찾아가 갈림길마다 사진을 찍고 또 근방의 지도를 그려 보낸 것이다.

결론부터 말하자면 나는 첫 번째 동북 여행에서 윤동주 묘소를 참배하지 못했다. 백두산 정상에서 하룻밤을 보내고 하산해 장백폭포를 구경한 후 급히 명동明東으로 향하던 우리를 반갑지 않은 비가 계속 따라왔기 때문이다. 당시에는 큰길가에서 윤동주 묘까지의 길이 비포장이라 우리 일행을 태운 대형 버스로는 도저히 접근할 수 없었다. 택시, 그것도 안 되면 불법 영업 차량인 '헤이처黑車'를 잡아 타고라도 묘소에 가고 싶었지만 전체 일정 때문에 다음을 기약할 수밖에 없었다.

덕분에(?) 예정에 없던 용정중학을 구경할 수 있었다. 이곳은 용정을 찾는 이들이 윤동주의 모교라며 자주 방문하는 곳이다. 옛 교사를 복원한 벽돌 건물 2층에는 윤동주 전시관이 자리 잡았고 1층에는 조악하게 '윤동주 교실'이 복원돼 있다. 건물 앞쪽에는 한글과 중국어로 새겨진 '서시' 시비가 자리 잡았다. 윤동주를 떠올리기에 부족하지 않은 이곳에서 그러나 나는 쓸쓸함을 금치 못했다.

현재의 용정중학은 엄밀하게 말해 윤동주의 모교라고 할 수 없다. 왜일까? 해방 전 용정 지역에는 은진, 광명, 대성, 명신여자, 영신, 동흥 등 6개 중학이 있었다. 해방되고 많은 동포들이 귀국하면서 학생 수가 급격히 줄자 6개 학교는 대성중학 자리에 통합 학교를 세운다. 교정 한편에 연합기념비聯合紀念碑가 세워진 연유다. 이것이 지금의 용정중학이다.

✦ 용정중학 윤동주 시비

윤동주는 용정에 소재한 중학 중 두 곳에서 공부했다. 처음 진학한 학교는 은진중학이다. 평양 숭실중학으로 전학한 후 다시 용정으로 돌아와 전입한 곳은 광명중학이다. 윤동주는 해방 전에 있지도 않았던 용정중학에 다니려야 다닐 수 없었고, 원래 이 자리에 있던 대성중학에 적을 둔 적도 없다.

1992년에 용정중학 교정에 세워진 시비도 1985년 윤동주의 묘가 발견된 이후 시인에 대한 추모 사업 과정에서 세워진 것이지 이곳이 그의 모교였기 때문은 아니다. 물론 윤동주와 이 학교가 전혀 인연이 없는 건 아니다. 윤동주의 사촌인 송몽규가 대성중학을 졸업했다.

내가 쓴웃음을 지은 건 이 때문만은 아니다. 윤동주가 공부한 중학 또한 통합된 학교에 속했으니 넓은 의미에서 이곳을 윤동주의 모교로 기념하고 기억하는 건 큰 문제가 없다. 그런데 복원된(?) '윤동주 교실'을 보고는 불편함을 감출 수 없었다. 칠

그들을 생각하면 눈물이 난다

판에는 「서시」에 곡을 붙인 노래 악보가 쓰여 있고 한 책상에는 윤동주의 흉상이 놓여 있었다.

앞서 설명한 사실을 모르는 이들은 정말 이곳에서 윤동주가 공부했다고 오해할 수도 있으리라. 윤동주를 기억하고 이를 알리려는 고향 분들의 노력과 정성을 모르는 바 아니다. 다만 과장된 전시보다 있는 그대로의 사실을 전하는 것이 오히려 윤동주를 제대로 추모하는 방법이 아닐까.

중국 조선족 애국 시인

첫 번째 용정 여행 때 가보지 못한 곳이 묘소만은 아니었다. 중국 동북으로 윤동주 답사를 하는 사람들이라면 으레 방문하기 마련인 생가도 당시에는 찾지 못했다. 윤동주가 태어났을 당시의 건물이 아니니 큰 의미가 없다며 애써 스스로를 위로했지만 아쉬움은 컸다. 베이징 생활을 마무리하고 한국으로 돌아온 후 다시 중국 답사 일정을 짤 때 윤동주 묘소 다음으로 답사지로 확정한 곳이 그래서 윤동주의 고향 마을 명동이다.

용정 시내를 지나 남동쪽으로 삼십여 분을 차로 달리면 전라도 어느 시골을 닮은 마을이 나타난다. 도로가 마을 뒤쪽에 있어 뒷동산에서 마을로 내려가는 길이 나 있다. 길 초입에는 큼직한 바위에 한글로 '명동', '윤동주 생가'라는 글씨가 새겨져 있어 새삼 동주의

✦ 명동 표지석

고향에 왔음을 실감하게 된다.

중고등학교를 졸업한 후에는 시집 한 권 읽지 않는 이들이라도 이곳이 「서시」의 시인 윤동주의 고향이라는 사실에 잠시 멍하다가도, 멀지 않은 길 끝에 그의 생가가 있다는 것에 생각이 미치면 발걸음이 빨라진다. 몇 시간을 버스에 갇혀 있던 초등학생 꼬마는 버스에서 내리자마자 내리막길을 내달렸다. 뭘 알고 그런 것은 아니었음에도, 이를 본 어른들도 참지 못하고 거의 달음박질을 했다.

그리고 마주한 윤동주 생가 대문 앞에는 다소 생뚱맞은 조형물이 양쪽에 서 있다. 왼쪽에는 크기가 다른 돌기둥 세 개에 알 듯 말 듯 한 글자가 새겨져 있는데, '하늘과 바람과 별과 시'라는 한글을 보고서야 그것이 '天', '風', '星', '詩'인 것을 문득 깨닫는다. 우리

그들을 생각하면 눈물이 난다

에게 참으로 익숙한 윤동주의 유고 시집 제목이 한자로 쓰여 있으니 그렇게 생경할 수 없었다.

그런데 오른쪽 돌에 쓰인 글을 보고는 사람들이 더 놀란다. '중국 조선족 애국 시인 윤동주 생가'. 한국인이 가장 사랑하는 시인 윤동주가 '중국 조선족 애국 시인'이라니. 최근 중국 정부의 역사 왜곡 시도까지 들먹이며 불쾌함을 감추지 않은 이들도 있다. 자극적인 애국주의 정서에 기대 이를 보도한 신문 기사도 적지 않으니 이상한 일도 아니다.

하지만 현재의 국경이나 '조선족' 용어 문제 등을 차치하고라도 우리가 과연 생가를 복원하고 관리한 이들을 비난할 자격이 있을까. 우리는 윤동주를 위해 무엇을 했던가. 한 일이 없다면 시인이 우리에게 일깨운 부끄러움을 기억할 일이다. 윤동주에 대한 우리의 무지와 무심함을 생각하며, '잎새에 이는 바람에도 괴로워'한, 자신에게 한없이 엄격했던 한 영혼을 기억하는 게 도리가 아닐까.

그런데 윤동주는 왜 북간도라 불리는 이곳에서 태어났을까? 명동은 자연 부락이 아니라 일종의 개척 마을이다. 1899년 두만강 인근에 거주하던 조선인들이 청나라 대지주의 땅을 사들여 집단으로 이주해 조성하며, 동쪽(東)에 있는 조국을 밝히겠다며(明) 마을 이름을 '明東명동'으로 정한 것이다. 윤동주 집안은 증조부 때 고향을 떠나 간도로 이주하고 할아버지 대에 이곳 명동에 정착했다.

현재 윤동주 생가로 조성된 곳은 대단히 넓다. 대문을 들어서면 바로 앞쪽으로 건물이 하나 보이는데, 이는 생가가 아니라 명동교

✚ 윤동주 생가

회를 복원한 것이다. 이곳은 북간도 지역의 대표적인 민족 지도자로 활약하며 '간도의 대통령'으로 불린 윤동주의 외삼촌 김약연 목사가 세운 교회다. 바로 옆에는 성경책 모양의 받침대 위에 세워진 김약연 목사의 공덕비가 세워져 있다.

윤동주 생가는 이곳에서 서쪽으로 약간 낮은 곳에 위치한다. 그러니까 생가와 교회가 한 공간에 복원돼 있는 것이다. 그런데 여러 증언을 종합해 보면 원래 이곳은 분리된 공간이었다. 물론 두 곳이 무척 가깝긴 했던가 보다. 생가에 있는 우물 옆에서 보면 '저만치 동북쪽 언덕 중턱에 교회당과 고목나무 위에 올려진 종각이 보였'다고 윤동주의 동생 윤일주 교수가 증언하고 있기 때문이다.

윤동주의 대표작으로 꼽히는 「십자가」와 「자화상」에 등장하는

✚ 명동교회

'첨탑이 저렇게도 높은' 교회당과, '달이 밝고 구름이 흐르고 하늘이 펼치고 파아란 바람이 불고 가을이 있다'던 우물이 한 공간에 있는 것이다. 우리가 그 먼 길을 달려 윤동주 생가를 방문한 이유도 이렇게나마 그의 시의 원형을 확인할 수 있기 때문일 게다. 윤동주와 어린 동생들이 대문을 나와 빙 돌아갔을 교회당, 그의 생명과 신앙을 연결하는 두 공간을 우리는 가로지르는 것이다.

윤일주 교수는 또한 자신의 집에서 명동학교도 멀지 않았다고 증언하고 있다. '건너편 동남쪽에는 이 마을에 어울리지 않도록 커 보이는 학교 건물과 주일학교 건물들이 보였다.' 이 증언을 확인하기 위해 급히 마을 동쪽으로 향했다. 아닌 게 아니라 생가에서 멀지 않은 곳에 가정집과는 달리 규모가 상당한 건물 한 채가 다소 어수선하게 복원된 채 서 있었다.

✦ 복원된 명동학교

그들을 생각하면 눈물이 난다

고향을 떠나 타지에 정착했으니 넉넉지 않았을 텐데도 이곳 사람들은 아이들 교육에 마음을 쏟았다. 각자 내놓은 돈만큼 땅을 분배받으면서 공동 부담으로 땅 일부를 떼놓았고, 그곳에서 나온 수입은 교육비로만 사용했다고 한다. 정착 초기에는 세 곳의 서재에서 한학을 가르쳤는데, 곧 아이들에게 새로운 학문을 전수할 기회가 찾아온다. 이곳에서 멀지 않은 용정에 북간도 최초로 설립된 서전서숙瑞甸書塾이 문을 닫은 것이다.

을사늑약 체결 후 북간도로 망명한 애국지사들이 1906년 설립한 서전서숙은 간도 주재 일본영사관의 방해와 숙장이던 이상설 선생이 1907년 고종의 특사로 헤이그로 떠나면서 문을 닫는다. 이에 명동촌 어른들은 세 곳의 서재를 하나로 합쳐 서전서숙을 계승한 신학문 기관을 설립한다. 나중에 명동학교로 이름이 바뀐 이 학교의 첫 이름은 그래서 '명동서숙'이다. 윤동주는 여덟 살 때 이곳에 입학해 1931년에 졸업한다.

다른 선택, 같은 삶

이곳에 이르는 적잖은 수고도 윤동주 생가만 볼 수 있으면 충분히 보상받는 것이라고 생각하던 터에 덤으로 명동학교까지 답사했으니 발걸음이 가벼웠다. 그런데 일행들이 기다리는 곳으로 급히 돌아가는 길에 또 다른 행운이 기다리고 있었다.

현대식으로 지어진 집 한쪽에 윤동주 생가와 비슷한 형태의 집이 있어 대문 사이로 카메라를 들이밀었다. 사진을 찍어 확인하니 그곳은 놀랍게도 송몽규의 옛집을 복원한 곳이었다. 영화 '동주'를 통해 '발견'된 인물 송몽규, 그는 사실 윤동주 생가에서 윤동주보다 3개월 앞서 태어났다. 윤동주 생가는 곧 송몽규 생가라는 말이다.

송몽규의 어머니는 윤동주 아버지의 큰누이, 그러니까 윤동주에게는 큰 고모가 된다. 그녀는 명동학교 조선어 교사인 송창희와 결혼했는데, 신혼을 처가, 즉 윤동주 생가에 차렸던 것이다. 처가살이를 할 때 장남 송몽규가 태어났다. 송몽규네는 그가 다섯 살 되던 해 분가하는데, 이곳은 그 집을 복원한 것이었다.

일상어로 일본어를 써야 했고 학교에서는 영문학을 공부했던

✚ 송몽규 옛집

일본 유학 시절 윤동주는 우리말로 시를 썼다. 조선어를 사용하는 것 자체가 위법인 시대와 공간에서 말이다. 이는 식민지 청년 윤동주가 자신과 동포를 위한 자신만의 길을 발견하고 여기에 충실했음을 의미한다.

그가 어린 시절부터 투철한 민족의식을 갖고 있었고 이를 친동생이나 가까운 이들에게 적극적으로 표현했다는 사실은 의심의 여지가 없다. 하지만 그가 일제에 저항하기 위해 어떤 구체적 '액션'을 취했다는 증거가 아직까지 발견되지 않은 것 또한 사실이다. 윤동주의 판결문을 읽어 보아도 대부분 '불순한' 사상과 의도를 가졌다고 했을 뿐이다.

그렇기에 윤동주의 체포를 송몽규의 행적과 별개로 생각할 수 없다. 친구들 중에서 언제나 리더였다던 송몽규는 윤동주와는 분명 기질이 달랐고 그래서 다른 선택을 한다. 둘은 명동학교를 졸업하고 나란히 은진중학에 입학한다. 그러다 상급 학교 진학을 위해 동주가 평양 숭실중학으로의 전학을 고민할 때 송몽규는 중국 난징의 임시정부로 백범을 찾아간다. 임시정부가 장제스의 도움을 받아 개설했던 뤄양洛陽군관학교 한인반에 들어가기 위해서다.

중국 국민당 정부의 지원이 끊겨 뤄양洛陽군관학교 한인반은 1기생만을 배출하고 흐지부지되었기에 송몽규는 정식으로 군관학교에 들어가지는 못했다. 하지만 그는 난징 인근에서 자신과 같은 뜻으로 모인 조선 청년들과 훈련을 받았고, 이것이 여의치 않자 다른 지역으로 이동해 비밀 활동을 모색하다 일본영사관 경찰에 체포된다.

2년 만에 고향에 돌아온 송몽규는 대성중학에 편입해 고향에서 학업을 계속한다. 그런데 이때의 항일 투쟁 경력으로 송몽규는 계속 일경의 감시를 받는다. 그리고 교토에서도 구체적인 활동을 모색하다 일명 '교토 조선인 학생 민족주의 그룹 사건'으로 체포되기에 이른다.

윤동주의 체포와 순국에 송몽규가 어떤 식으로든 책임이 있다는 말을 하자는 게 결코 아니다. 둘은 한집에서 태어났고, 중국, 조선, 일본에서 함께 공부했으며, 같은 감옥에서 옥사했다. 둘의 비문도 한 분이 썼고, 지금은 같은 공동묘지에 약간의 거리를 두고 나란히 묻혀 있다. 둘은 평생을 같이 했지만 조국을 위해 각자의 방식으로 최선을 다했다. 두 사람이 겪은 불행의 근본적 원인은 일본 제국주의 야만적 행태지 결코 다른 선택과 삶이 아닌 것이다.

청년문사靑年文士와 시인詩人

3년 전 발길을 돌려야 했던 윤동주 묘소가 있는 언덕을 이번에는 버스로 올랐다. 너른 길은 아니지만 포장길이라 어렵지 않게 묘바로 앞까지 차로 이동할 수 있었다. 나라를 잃었던 시절 용정 지역의 조선인 공동묘지였던 이 언덕에는 지금도 무덤이 많이 남아 있다. 하지만 대부분 제멋대로 잡풀이 웃자라 있어 찾는 이가 없다는 것을 짐작케 한다. 다만 윤동주의 묘는 차분하게 단장된 채로 우리를 맞았다.

윤동주의 먼 인척 되는 분의 안내로 묘 앞에 섰지만 도무지 실감이 나지 않았다. 서울을 출발해 다롄 도착 후 압록강을 거슬러 백두산에 오르고 다시 두만강을 따라 이곳 용정 동주의 묘 앞에 섰는데 말이다. 헌화하고 술도 한 잔 따랐다. 다른 분이 특별히 좋은 막걸리를 그 먼 곳까지 챙겨와 한 잔 더 올리고 고개를 숙였다. 그리고 함께 「서시」를 낭독했다.

윤동주 묘 왼편에는 송몽규의 무덤이 있다. 여기에는 사연이 있다. 원래 그의 무덤은 고향인 명동촌 인근에 있었다. 해방 후 가족들이 귀국하면서 그의 묘도 잊혔다. 그러다 1989년 연변조선족자

치주 조선족 유지들의 주도로 송몽규 묘 찾기가 시작된다. 묘지석에 '靑年文士宋夢奎之墓청년문사송몽규지묘'가 새겨져 있다는 사실을 알고 있었기에 가능한 일이었다. 그런데 묘비석이 특정 묘 앞이 아니라 송씨 집안의 가족묘 인근에 쓰러진 채 발견되면서 문제가 생겼다. 사람들은 땅이 풀리자 주변 묘를 파기 시작했다. 믿는 구석이 있었기 때문이다.

1945년 3월 7일, 그러니까 윤동주의 장례식이 고향 명동에서 치러진 다음 날 송몽규는 후쿠오카 감옥에서 숨을 거둔다. 얼마나 억울한 죽음이었던지 눈도 감지 못한 것을 아버지 송창희 선생이 감겨 주었단다. 그리고 '원수의 땅'에 뼛가루 한 점이라도 남기지 말아 달

✛ 송몽규 묘소

라는 꿈속 아들의 유언에 따라 아버지는 유골 가루뿐 아니라 뼛조각과 주변 흙까지 모두 상자에 담아 고향으로 돌아와 장례를 치렀다.

'흙이 섞인 뼛가루'가 달리 있을 리 만무하니 송몽규 묘 찾기를 주도했던 용정중학교 교장 유기천 선생은 확신을 갖고 관을 열어 확인했던 것이다. 윤동주의 누이동생 윤혜원 여사의 이 증언으로 1990년 송몽규의 묘가 발견된다. 부지깽이를 꽂아도 싹이 난다는 청명에 송몽규는 윤동주 곁으로 갈 수 있었다.

그럼 윤동주 묘는 사정이 나았을까? 지금이야 윤동주가 온 한국인의 기림을 받고 있지만 해방 이후 윤동주 묘는 가족들 이외에는 누구에게도 알려지지 않았다. 가족들이 명동을 떠나면서 거의 사십여 년을 돌보는 이 없이 방치되었다. 그래서 1984년 재미교포 현봉학 선생이 용정을 방문했을 때 윤동주의 묘 위치는커녕 그가 시인이었다는 사실을 아는 사람이 한 명도 없었던 것이다. 현봉학 선생의 첫 시도가 실패한 이후 윤동주 묘가 '발견'되는 과정은 드라마틱하면서도 아이러니하다.

같은 해, 윤동주의 동생 윤일주 교수는 일본에서 한국문학 연구자인 오무라 마스오大村益夫 교수를 만나 형님 묘소에 대한 기억을 더듬어 간단한 지도도 그려 준다. 그가 곧 연변대학으로 연구 유학을 가기 때문이었다. 당시는 우리나라가 중국과 수교 전이라 자신이 직접 묘소가 있는 용정에 갈 수 없었던 것이다. 우여곡절 끝에 1985년 5월 14일 오무라 교수와 연변의 조선족 인사들이 윤동주의

✦ 묘비석 오른쪽이 윤동주의 여동생
　윤혜원 여사 © 윤동주기념사업회

✦ 윤동주 묘에 예를 표하는 오무라 교수
　　　© 윤동주기념사업회

무덤을 발견한다. 1945년 6월에 묘를 조성했으니 꼬박 40년 만이다.

　불가피한 상황이었다 하더라도 우리를 대신해 소중한 일을 해준 오무라 마스오 교수는, 그러나 그에 걸맞지 않는 대접을 받았다. 윤동주 묘를 발견한 게 '하필 일본인'이란 비아냥을 들어야 했던 것이다. 평생 '조선 문학'을 연구한 그는 항일 투사 김산의 평전 『아리랑』을 읽고 한국 역사를 배우지 않을 수 없었고, 『열하일기』를 읽고선 아들을 낳으면 이름을 '지원趾源'으로 짓자고 아내와 약속했던 이다.

나의 길은 언제나 새로운 길

　죽음으로 막을 내렸던, 2년 남짓의 짧은 윤동주의 일본 유학 시절은 두 장의 사진을 통해 살펴보자. 뒷줄 맨 오른쪽이 윤동주고 앞

줄 중앙에 선 이가 송몽규다. 사진 오른쪽 하단에 적힌 'aug. 4th. 42'는 촬영 날짜인 것으로 판단된다. 1942년이면 윤동주가 연희전문을 졸업하고 일본으로 유학 간 첫해다. 윤동주는 송몽규와 함께 교토제국대학에 응시하나 낙방한다. 그래서 도쿄의 릿교立教대학에 입학한다. 릿교대학에서 맞은 처음이자 마지막 여름방학 때 고향을 방문해 또래 친척과 함께 이 사진을 찍은 것이다.

릿교대학 생활은 짧게 끝난다. 그해 가을 학기에 윤동주는 송몽규가 있는 교토로 갔고 그곳 도시샤同志社대학에 편입했기 때문이다. 그러나 윤동주의 릿교대학 시절은 매우 중요한 의미가 있다. 현재 우리에게 남은 마지막 작품 「쉽게 씌어진 시」가 이때 쓰였기 때

313

문이다. 시인 지망생이 시가 쉽게 쓰이는 것조차 기뻐하기보다 부
끄러워해야 했던 불구의 시절을 견디던 참혹함과, 그럼에도 불구하
고 '시대처럼 올 아침'을 기다리던 견고한 희망을 우리는 이 작품에
서 읽을 수 있다.

오른쪽 상단의 두 날짜가 무엇을 의미하는지는 오랜 궁리 끝에
알 수 있었다. 사진을 자세히 보면 윤동주에는 동그라미가, 송몽규
에는 세모가 표시된 것을 확인할 수 있다. 그리고 날짜에도 같은 표
시가 있는데, 동그라미 밑에는 '二月十六日', 세모 밑에는 '三月十
日'이라는 날짜가 적혀 있다.

이는 무엇을 의미할까? 바로 밑에 답이 있다. '一九四五. 於福岡
永眠', '1945년 후쿠오카에서 영면하다' 정도의 뜻이다. 1943년 교
토에서 체포된 두 사람은 1944년 4월 후쿠오카감옥으로 이감되고
십 개월여의 수감 생활 끝에 그곳에서 한 달 사이를 두고 세상을
떠난다. 이 숫자는 바로 두 사람의 사망일인 것이다. 참고로 송몽규
가 숨을 거둔 것은 3월 10일이 아니라 3월 7일이다.

윤동주는 1942년 겨울방학 때 고향에 가지 않았기에 1943년 여
름방학에는 귀향을 준비하고 있었다. 방학 직전에는 학과 동기들과
우지 강변으로 야유회를 가 아마가세쓰리天ヶ瀬吊り 다리에서 사진
을 찍기도 한다. 그런데 별안간 일제 특별고등경찰에 체포돼 시모
가모下鴨 경찰서에 구금된다. 송몽규는 4일 전에 이미 체포되었다.

윤동주가 자유로운 모습으로 마지막 사진을 찍은 이곳, 그래서

✚ 윤동주의 생전 마지막 모습

우리에게 윤동주의 마지막 미소로 남은 이곳에 곧 기념비가 세워
진단다. '記憶と和解の碑(기억과 화해의 비)'. 비석에는 '나의 길은
언제나 새로운 길'이라고 노래했던 「새로운 길」이 한국어와 일본어
로 새겨져 있다. 교토에 이미 두 개의 시비詩碑가 있기에 허가할 수
없다는 교토시의 방침에 시민 서명으로 맞섰던, 윤동주를 추모하는
일본인들에 의해서 말이다.

수개월의 조사 끝에 윤동주는 1944년 3월 31일 재판을 받고 징
역 2년을 선고받는다. 이 판결대로라면 출감 예정일은 1945년 11
월 30일이다. 그러나 알다시피 윤동주는 감옥을 나오지 못했다.
1945년 2월 16일, 그러니까 해방을 꼭 반년 앞두고 절명한다. 27년
2개월 남짓의 생이었다. 간수의 증언에 따르면 무슨 뜻인지 모르나

+ 윤동주 장례식

외마디 소리를 높게 지르며 운명했다고 한다. 이틀 후 고향집에 이
소식이 전해졌고 윤동주의 아버지는 중국 북간도에서 일본 후쿠오
카까지 먼 길을 마다하지 않는다. 유골을 수습해 고향으로 돌아온
이후 과정은 동생 윤일주 교수의 회고로 요약한다.

집 앞뜰에서 거행된 장례식에서는 연희전문 졸업 무렵 교내 잡지 〈문
우〉에 발표되었던 「자화상」과 「새로운 길」이 낭독되었다. 장지는 용
정 동산東山이었다. 간도는 4월 초에나 겨우 해토되는 까닭에 5월의 따
뜻한 날을 기다려 우리는 형의 묘에 떼를 입히고 꽃을 심고 하였다.
단오 무렵엔 할아버지와 아버지가 서둘러 묘비를 '詩人尹東柱之墓'

라고 크게 해 세웠다. 할아버지와 아버지에게서 처음으로 시인이란 일컬음을 받은 것이다.

장례식은 1945년 3월 6일에 치러진다. 사진에 '康德十二年三月六日'이라는 날짜가 보이는데, '강덕康德'은 당시 만주국의 연호다. 1932년 건국 당시 연호는 '대동大同'이었으나 1934년에 '강덕康德'으로 바뀌었으니 '강덕 12년'은 1945년이다. 장례는 당시 윤동주 가족이 나가던 용정중앙장로교회의 문재린 목사가 주관했다. 그는 윤동주의 고향 친구 문익환 목사의 부친이기도 하다.

© 윤동주기념사업회

✚ 평양 숭실중학 재학 당시 사진으로 뒷줄 가운데가 문익환, 오른쪽이 윤동주다.

'통일 운동의 아버지' 늦봄 문익환 목사가 1990년 평양을 방문했을 때 일이다. 평양 순안공항 도착 후 북한 땅에서 그가 처음으로 한 일은 윤동주의 「서시」를 낭독하는 것이었다. 수십 년을 갈라져 살아온 남북한 사람들이 온전히 공유할 수 있는 것이 바로 윤동주의 시라고 생각했기 때문이리라. 그 자신도 시인이었던 문익환 목사가 '너는 스물아홉에 영원이 되고'로 시작되는 「동주야」를 통해 보여 주었던 오랜 벗에 대한 그리움도 한몫했을 것이다.

망국 시기 타국에서 태어나 식민지 조국에서 공부하고 식민 모국 일본에서 절명한 윤동주의 일생은 곧 민족 고난사의 전형이다. 하지만 27년의 짧은 생애 동안 그가 남긴 시편은 민족 전체의 자랑으로 영원히 기억될 것이다. 우리는 윤동주 묘를 참배하고 돌아오는 길에 해란강을 물들이는 노을을 보며 '우리의 소원은 통일'을 함께 불렀다.

그들을 생각하면 눈물이 난다

나라 위해 몸 바침은
군인^{群人}이 마땅히 할 일이라

뤼순과 안중근

뜻있는 사내 편한 잠을 어이 이루리오

여러 번을 경험해도 여전히 처음 같은 일이 있다. 도무지 익숙
해지지 않는 경험 말이다. 뤼순旅順감옥 세 번째 답사가 그랬다. 이
래도 되나 싶을 정도로 맑은 가을 하늘 아래 붉은 벽돌 건물과 푸
른 잔디의 대비가 비현실적으로 느껴지는 날이었다. 이토 히로부미
를 추모하기 위해 세운 박문사에 안 의사의 아들이 방문했다는 글
을 읽은 직후라 마음이 더 복잡했다. 안준생을 비난하는 건 쉽고 편
리하리라. 하지만 우리에게 그럴 자격이 있는지를 자문하자 안중근
의사의 숨결이 깃든 감옥 안으로 들어갈 수 없을 것 같았다.

하얼빈 의거 직후 체포된 안 의사는 하얼빈 주재 일본총영사관
지하 감옥에서 엿새 동안 심문을 받는다. 그러다 1909년 11월 3일

✦ 뤼순감옥

이곳 뤼순감옥으로 이감되고 1910년 3월 26일 순국할 때까지 4개
월여를 보낸다.

 '국사범'이었던 안 의사는 미조부치 다카오 검찰관으로부터 11
회, 사카이 경시로부터 12회 심문을 받는다. 심문이 끝나자 2월 7일
부터 14일까지 모두 여섯 차례 공판이 진행되었고 그 결과 사형을
선고받는다. 하지만 감옥에서의 일상은 나쁘지 않았던 것 같다. '일
반 관리들이 특별히 후대하니, 나는 감동하지 않을 수 없었다.'라고
안 의사는 기록하고 있다.

그들을 생각하면 눈물이 난다

안중근 의사가 갇혀 있기만 했던 건 아니다. 3개월여의 각고 끝에 자서전 『안응칠 역사安應七歷史』를 완성한 것이다. '중근重根'이라는 이름 대신 '응칠應七'이라는 자를 사용한 이유는 1907년 북간도를 거쳐 연해주로 망명한 이후 하얼빈 의거까지 3년 동안 줄곧 안 의사가 '응칠'로 자신을 불러왔기 때문이다.

'응칠'과 '중근'에는 어떤 뜻이 있을까? 『안응칠 역사』의 첫 장에 이와 관련된 글이 있다. '1879년 기묘 7월 16일. 대한국 황해도 해주부 수양산 아래서 한 남아가 태어나니 성은 안安이요, 이름은 중근重根, 자는 응칠應七 – 성질이 가볍고 급한 데에 가깝기 때문에 이름을 중근이라 하고 배와 가슴에 일곱 개의 검은 점이 있어 자를 응칠이라 함 – 이라 하였다.'

전기를 다 쓰자 안 의사는 『동양평화론』 집필을 시작한다. 안 의사가 이토 히로부미를 처단한 건 동양 평화를 깬 책임이 그에게 있다고 판단해서다. 목숨을 걸고 일으킨 의거로 동양 평화를 해친 원인을 제거했으니 생이 허락된 동안 그 구체적 실천 방략을 정리하려 했던 것이리라.

그러나 집필 마무리를 위해 몇 달이라도 사형 집행을 연기해 주겠다던 일제는 약속을 지키지 않았다. 애초 '서序 – 전감前鑑 – 현상現狀 – 복선伏線 – 문답問答'으로 구성되었던 이 책은 그래서 '서'와 '전감' 일부만 기술된 미완으로 남았다. 하지만 유묵 한 점으로 동양 평화에 대한 안 의사의 간절한 마음은 확인할 수 있다.

東洋大勢思杳玄　동양 대세 생
각하니 아득하고 어둡나니
有志男兒豈安眠　뜻있는 사내
편한 잠을 어이 이루리오
和局未成猶慷慨　평화 정국 못
이룸이 이리도 슬픈지고
政界不改眞可憐　침략 정책 고
치지 않으니 참으로 가엽도다

✦ 안중근 의사 기념관 앞뜰의
유묵 비석이다.

벙어리 연설회, 귀머거리 방청

평화에 대한 안 의사의 비전은 그러나 재판정에서 의도적으로
왜곡되거나 비하된다. 이토 히로부미 처단이 오해와 무지에서 비롯
되었다는 게 일본 검찰의 논리였던 것이다. 안중근 의사를 법적으
로 보호한다는 변호사들도 이렇게 주장했다. 그들은 일본 정부에서
파견된 일본인 관선官選 변호사였기 때문이다. '판사도 일본인, 검
사도 일본인, 변호사도 일본인, 통역관도 일본인, 방청인도 일본인!
이야말로 벙어리 연설회냐, 귀머거리 방청이냐!' 안 의사는 분개했
고 그 유명한 반론을 펼친다.

이토의 죄상은 하늘과 땅, 신령과 인간이 다 아는 것이다. 내가 무엇

✚ 당시 법원장 마나베 주조眞鍋什長의 사무실을 복원한 곳이다.

을 오해했다는 말인가. 게다가 나는 개인으로 살해를 모의한 범죄인
이 아니다. 나는 대한국 의병 참모중장의 의무로서 임무를 띠고 하얼
빈에 왔다. 전쟁을 벌여 습격을 했고 그 뒤에 포로가 되어 이곳에 온
것이다.

재판이 시작되기 전 안 의사 변호를 위해 다국적 변호인단 구성
이 계획되었다. 한국인 2명, 러시아인 2명, 영국인 1명, 스페인인 2
명 등 7명의 변호사가 안 의사 변호를 신청하지만 관동법원은 이를
거부한다. 그러나 안 의사의 세계 정세에 대한 풍부한 지식과 동양
평화에 대한 신념, 그리고 죽음 앞에서도 당당한 기개를 일제가 방
청인 모두에게 숨길 수는 없었다.

✚ 안 의사 재판 당시의 관동關東법원   ✚ 현재의 관동關東법원

〈더 그래픽The Graphic〉지의 기자 찰스 모리머Charle Morrimer는 「일본 식의 한 유명한 재판 사건 – 이토 공작 살해범 재판기」라는 제목의 기사에서 다음과 같이 썼다. '마침내 영웅의 왕관을 손에 들고는 늠름하게 법정을 떠났다. 그(안중근: 저자 주)의 입을 통해 이토 히로부미는 한낱 파렴치한 독재자로 전락하였다.'

자신의 의도나 계획과 달리 재판이 진행되자 안 의사는 무척 괴로웠을 것이다. 애초 목숨을 구걸할 생각은 없었다. 이토 히로부미의 죄상을 만천하에 알리고 동양 평화를 위한 소신을 밝힐 수 있다면 충분하다고 생각했다. 그러나 재판부는 그를 일반 살인범으로밖에 취급하지 않았다. 공판 후 감방으로 돌아온 안 의사는 이런 탄식에 이른다.

그들을 생각하면 눈물이 난다

✚ 안 의사는 죄수 전용의 왼쪽 낮은 계단으로 올라갔으리라.

'내게 무슨 죄가 있느냐, 내가 무슨 죄를 범했느냐!' 하고 천 번 만 번 생각하다가 문득 크게 깨달은 뒤에 손뼉을 치며 크게 웃고 말하되, "나는 과연 큰 죄인이다. 다른 죄가 아니라, 내가 어질고 약한 한국 인민 된 죄로다." 이렇게 생각하자, 마침내 의심이 풀려 안심이 되었다.

안중근 의사의 깨우침이 참으로 가슴 아프다. 영웅 안중근이 '탄생한' 관동법원 건물은 현재 旅順日本關東法院舊址여순일본관동법원구지로 보존되어 있다. 마침 우리가 이곳을 방문했을 때는 드라마 촬영이 한창이었다. 중국 텔레비전을 켜면 언제라도 볼 수 있는 항일전쟁 소재의 작품을 찍는단다. 타이밍이 절묘했다.

텅 빈 재판정에 들어서자 우리는 마치 재판 당시의 방청객이 된

✛ 공판정의 안중근

✛ 공판정 현재 모습

기분이었다. 사진으로 숱하게 보았던 재판정 속의 안 의사 위치를
생각하며 몇 번이고 카메라 셔터를 눌렀다. 당시 사진기자가 안 의
사를 비롯한 네 명의 '피고'를 찍은 자리에서 말이다. 딱 그곳에서
사진을 찍으면 사진 속 안중근 의사를 지금 – 여기로 모셔 올 수 있

을 것 같은 은근한 착각과 은밀한 소망을 지닌 채 말이다.

안 의사 공판 당시로 우리를 안내할 귀한 삽화도 있다. 당시 일본 도요土陽신문사의 고마쓰 모토코小松元吾는 안 의사의 공판을 참관하고 이를 그림으로 남겼다. 『安奉線風景 附 滿洲畵報안봉선풍경 부 만주화보』라는 이 화보집에는 포승에 묶인 채 서서 답변하는 안중근 의사의 뒷모습을 포함해, 소란한 법정 풍경, 한국인 변호사와 일본인 통역, 그리고 이 세기적 재판을 취재하는 기자들의 모습까지 생생하게 담겨 있다. 화면 아래 보이는 '二月十日'은 안중근 의사에 대한 4차 공판일이다.

미조부치 다카오講淵孝雄 검찰관은 청나라 영토에서 조선인이 일본인을 살해한 후 러시아 관헌에게 체포된 이 사건은 제2차 한일협

약, 즉 을사늑약 1조에 따라 일본에 재판권이 있다고 주장한다. 그리고 안중근 의사에게 가장 무거운 형인 사형을 구형한다. 이 한 장의 그림에 안 의사가 '벙어리 연설회, 귀머거리 방청'이라고 일갈했던 통한의 시공간이 그대로 담겨 있는 것이다.

다른 전시장에는 당시 항일 투사들을 고문했던 다양한 기구들이 전시돼 있다. 매끈하게 다듬어진 나무와 정교한 철제 고리들이 인간을 괴물로 만들었다고 생각하니 소름이 돋았다. 또 전시관 출구 옆에는 안 의사를 뤼순감옥에서 이곳 관동법원으로 이송할 때 사용했던 마차를 복원해 두었다.

그리고 '전시'와 '복원'이 눈요깃거리로 그쳐서는 안 됨을 재차 강조하는 당부도 있다. '세월은 유수와 같이 흘러 사람들의 기억 또한 많이 사라졌습니다. 그러나 백여 년 전의 국난과 항쟁의 역사는 사람들의 마음속에 깊이 새겨져 있습니다. 양심이 있는 사람이라면 그 시기의 역사를 잊지 못할 것입니다.'

✦ 재판정으로 가는 안중근

✦ 복원된 이송 마차

나는 안중근을 생각하면 언제나 눈물이 난다

안중근 의사 재판 당시 관동법원은 2심제였기에 항소를 할 수 있었지만 안 의사는 포기한다. 여러 이유가 있었겠지만 동생들이 전한 어머니 조마리아 여사의 전언이 가장 큰 영향을 미쳤다고 한다. 당시 일본 신문에서도 '시모시자是母是子', 즉 '그 어머니에 그 아들'이라며 이를 대서특필했다. 조마리아 여사가 정근, 공근을 통해 맏이 중근에게 전한 마지막 인사다.

> 네가 만약 늙은 어미보다 먼저 죽는 것을 불효라 생각한다면 이 어미는 웃음거리가 될 것이다. 너의 죽음은 네 한 사람 것이 아니라 조선인 전체의 공분을 짊어지고 있는 것이다. 네가 항소를 한다면 그것은 일제에 목숨을 구걸하는 짓이다. 네가 나라를 위해 이에 이른즉 딴 맘먹지 말고 죽으라. 옳은 일을 하고 받은 형이니 비겁하게 삶을 구하지 말고, 대의에 죽는 것이 어미에 대한 효도다. 아마도 이 편지가 이 어미가 너에게 쓰는 마지막 편지가 될 것이다. 여기에 너의 수의를 지어 보내니 이 옷을 입고 가거라. 어미는 현세에서 너와 재회하기를 기대치 않으니 다음 세상에는 반드시 선량한 천부의 아들이 되어 이 세상에 나오너라.

안 의사는 순국 이틀 전 직접 뵐 수 없는 어머니께 편지로 하직 인사를 한다. '이 불초자를 너무나 생각해 주시니 훗날 영원의 천당

에서 만나 뵈올 것을 바라오며 또 기도합니다.'

3월 25일로 예정된 집행일을 몇 달이라도 연기해 주겠다던 일제는 그러나 3월 26일 갑자기 형을 집행한다. 25일에서 26일로 날을 바꾼 것은 반대로 그들의 필요에 의해서다. 안 의사 처형이 조선의 의병 활동을 강하게 자극할 것을 두려워한 조선통감부의 요청이 있었기 때문이다. 3월 25일은 대한제국 황제 순종이 태어난 건원절이었던 것이다.

1910년 3월 26일, 뤼순에는 새벽부터 봄비가 내렸다고 한다. 그

✚ 순국 직전의 안 의사 ⓒ 안중근의사기념사업회

날 안중근 의사는 '살아서' 수의를 입는다. 안 의사를 변호(못)했던 변호사 중 한 명인 미즈노 기치타로水野吉太郎는 그때의 회한 때문인지 말년에 안중근 의사를 회억하는 글을 쓴다. '사형 집행일에 순백의 조선복을 입고 형장에 나타났을 때 줄 이은 집행관도 그의 거룩한 모습에 고개를 숙이고 훌쩍였다.' 「안중근의 사형집행담 – 백의의 옷을 입고 사형대에」라는 그 글은 '나는 안중근을 생각하면 언제나

그들을 생각하면 눈물이 난다

✦ 안중근 의사 형장

눈물이 난다.'로 시작한다.

안 의사 특별 감방 앞에서 가장 오래 머물던 방문객들이 옷깃을 여미고 숨소리조차 내지 않는 곳이 있다. 바로 안중근 의사가 순국한 형장이다. 이제 이곳은 '형장'이 아니라 '전시장'임에도 불구하고 무거운 침묵만이 가득하다. 카메라 셔터 소리가 유일한 잡음인 이곳에서 우리는 오랫동안 고개를 숙였다. 안 의사가 100여 년 전 섰을 그 자리에는 수의를 입은 안중근 의사의 사진만이 덩그렇게 놓였다. 형 집행은 10시 4분, 안중근 의사가 절명한 것은 1910년 3월 26일 오전 10시 15분이다.

다시 태어나 만나고 싶습니다

뤼순감옥을 나오면 기념품 가게가 있다. 한국 사람들은 답사와 참배의 여운 때문인지 뭐든 기념될 만한 것을 사곤 한다. 나도 아들에게 줄 선물을 마련하려고 안 의사 유묵 기념품을 구경했다. 유묵 중 어떤 글귀를 고를지 또 한참을 고민하다 '爲國獻身軍人本分위국헌신군인본분'을 선택했다. 내용이야 아이에게 적당하지 않지만 다른 유묵보다 필획이 특히 장하게 느껴졌기 때문이다.

그런데 이 유묵을 선택한 데는 다른 이유가 하나 더 있다. 대한국 의병 참모중장 안중근과 일본 헌병 치바 도시치千葉十七, 두 군인 사이에 전하는 아릿한 이야기 한 자락 때문이다. 형장으로 가기 직전, 안 의사의 음성이 최대로 당겨진 시위처럼 팽팽한 긴장감을 끊는다. "치바 씨, 일전에 부탁했던 글을 지금 씁시다."

하얼빈에서 뤼순까지 안중근 의사를 압송했던 책임자였고 감옥에서는 담당 간수였던 이가 치바 도시치다. 자신의 '영웅'이었던 이토 히로부미를 죽

✛ 2017.3 대한민국역사박물관 '동포에게 고함: 안중근 옥중 유묵 특별전'

인 안중근에게 분노하던 그는 차츰 안 의사의 당당함과 인품에 감화된다. 그리고 누구보다 안 의사의 죽음을 안타까워한다.

왼손 무명지가 잘린 장인掌印까지 찍어 글을 완성한 안중근 의사는 이렇게 마지막 인사를 한다. "친절하게 대해 주셔서 진심으로 감사합니다. 동양에 평화가 찾아오고 조선과 일본 간에 우호가 회복되는 날 다시 태어나 만나고 싶습니다." 순국 5분 전이었다.

✛ 안 의사 마지막 장인

안 의사 순국 이후 치바 도시치는 이 귀한 유묵을 어떻게 했을까? 일본으로 돌아와 아내의 고향에 정착한 치바 도시치는 유묵과 안중근 의사 사진을 불단에 모시고 아침저녁으로 공양했다. 쉰의 나이로 그가 죽자 아내인 기츠요가 이어 안 의사의 명복을 빈다. 치바 도시치 부부가 자식 없이 세상을 떠난 후 이 유묵을 보관하던 외조카는 마지막 '안중근의 마음'을 대한민국에 돌려준다. 안중근 의사 탄신 100주년이 되던 1979년의 일이다. 그리고 이를 기념해 치바 도시치와 부인이 묻힌 다이린지大林寺에

✛ 치바 도시치와 그의 부인

✤ 라오룽터우가 발 담고 있는 보하이는 곧 서해다.

기념비가 세워진다. 1981년, 안 의사가 순국한 3월 26의 일이다.

　세월호 참사가 있던 2014년, 나는 담임 반 아이들과 베이징을 출발해 압록강까지 1,200km에 이르는 수학여행을 떠났다. 연암을 비롯한 조선 사행단이 고국으로 돌아가던 길을 되짚어 보는 뜻깊은 답사였다. 첫 답사지 산하이관山海關의 라오룽터우老龍頭 끝에서 우리는, 십수 일 전 우리와 똑같은 설렘과 기대로 이곳 보하이渤海 – 서해를 건너다 두려움과 고통 속에 스러져 간 이들을 생각하며 고개를 숙였다.

　그리고 답사의 마무리는 보하이와 접한 뤼순감옥 '참배'로 정했다. 아이들과 나는 중국과 조선의 항일 투사들이 억울하게 죽어 간 사형장 앞뜰에서 도마 안중근, 우당 이회영, 단재 신채호 선생을 위

그들을 생각하면 눈물이 난다

해 세 번 술을 따르고 다시 고개를 숙였다. 침몰한 '조선호'를 구하기 위해 자신의 모든 것을 바쳤던 세 분께 세월호 희생자의 영령을 위로해 달라는 간절한 기도와 함께. 그리고 안중근 의사가 돌아가신 형장에 헌화하고 방명록에 이렇게 썼다. '감사하고 죄송합니다. 당당하게 살겠습니다.'

국가의 도움을 굳이 마다하고 자신의 녹봉을 털어 굶주리는 백성을 먹였던 연암 박지원, 가난한 자신이 동포를 먹일 수 있는 것이 세상에서 가장 즐거운 일이라고 했던 연암은 우리의 답사가 당신으로 끝나지 않았어도 결코 서운해하지 않으리라 믿는다. 뤼순감옥은 그 동포를 누구보다 사랑했고 역사와 삶에 무한책임을 졌던 자랑스러운 '후손'의 자취가 남은 곳이니 말이다.

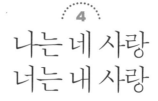

나는 네 사랑
너는 내 사랑

다롄과 이회영, 신채호

강화학江華學 최후의 광경

자발적 개화가 강제적 개항으로 점철되던 망국 직전의 조선 후기, 강화도에서 한양으로 온 한 선비가 파루를 알리는 쇠북소리와 함께 열린 남대문을 통해 성 밖으로 나선다. 이른 새벽임에도 한 청년이 술상을 차리고 기다리고 있다 귀양길에 오른 그 선비에게 큰절을 올린다. 금오랑과 함께 유배 길에 오른 이는 조선 후기 천재로 불리는 영재 이건창이고, 무릎을 꿇고 스승의 안위를 걱정했던 이는 '돌아오지 않은 특사' 보재 이상설이다.

영재는 15세에 과거에 합격한다. 조선 500년 역사상 최연소 합격이다. 그는 사행단의 일원으로 청나라 말기 베이징에 다녀온 적도 있어 당시 국제 정세에도 밝았다. 하지만 그는 전통적인 보수주

✚ 이건창 묘소

의자였다. 단발령에 반대했고 갑오농민전쟁을 인정하지 않았으며 동학에 가담한 이들의 엄벌을 주장했다. 그러나 그가 반대한 건 나라의 개혁이 아니라 개화파의 경박함과 전통의 무조건적인 말살이었음을 기억해야 한다.

망국의 길목에서 더 이상 관료로서 할 일이 없다고 판단한 영재는 고향인 강화로 낙향하고 가학인 양명학을 공부하며 제자를 기른다. 그러나 국망의 시기에 임금은 전통적 충절과 국제적 안목을 갖춘 선생이 필요했고 여러 번 그를 부른다. 하지만 영재는 번번이 명에 따르지 않았다. 이에 고종은 최후로 해주 관찰사 부임과 유배를 선택하라고 명한다. 영재는 귀양을 택했고 그렇게 새벽 남대문을 나서 유배지로 향했던 것이다.

스승의 귀양길이 망국의 길과 겹쳐 보였던가. 보재는 스승에게 주안상을 차리고 예를 갖추었다. 보재가 누군 가. 조선왕조 최후의 과거 인 갑오문과에 병과로 급제 하여 영재로부터 율곡 이이

Joon Lee　　Sang-sul Lee　　Lee-jong Lee
HAGUE, 1907

✚ 가운데가 헤이그 특사의 정사인 이상설 선 생이다.

를 능히 배우고 앞설 학자라고 칭송받은 인물이다. 훗날 그는 북간 도 용정에 민족 교육의 요람 서전서숙을 세우고 고종 황제의 특사 로 헤이그에 파견된다. 평생 조국 광복을 위해 싸웠고 1917년 차가 운 이국땅에서 눈을 감고 만다.

영재는 병인양요 당시 외적의 침입에 무책임하게 대처한 관군 을 대신해 의연히 목숨을 끊은 할아버지 사기 이시원 선생의 장렬 한 최후를 보고 자랐다. 이시원 선생은 판서 벼슬을 지냈고 사후에 는 영의정에 추증追贈된 인물이다. 병인양요 당시 강화도를 지키던 관군이 싸우지도 않고 도망가 버리자 백성들은 피란 가기 바빴다. 당시 78세의 고령이었던 선생은 급히 몸을 피하자는 가솔들을 뿌 리친 채 들것에 실려 조상의 묘를 마지막으로 둘러본다.

그리고 가족 모두가 지켜보는 가운데 태연히 극약을 마시고 순 절한다. 손자 이건창에게 첫 번째 편지를, 남은 가족에게 두 번째 편지를 남겼지만, 대를 이을 셋째 아우에게 전할 편지는 완성하지

✦ 명미당明美堂은 영재의 당호로 매천의 글씨다.

못하고 절명한다. 할아버지의 장렬한 최후를 똑똑히 목격한 영재가
어찌 하루 한 시간인들 허투루 살 수 있었겠는가. 그런 영재가 이승
에서 마지막으로 보고 싶다고 했던 이는 몇 년 뒤 「절명시」를 쓰고
역시 망국의 한을 죽음으로 썻은 매천 황현 선생이다.

　왕조 말기의 혼탁한 정국에 실망한 매천은 과거를 파거하고 지리
산 자락에서 제자를 가르치며 저술에 매진한다. 조선 후기 최고의
비사秘史로 평가되는 『매천야록』이 그의 대표 저술이다. 1910년 나
라가 망하자 그 또한 더 이상 살 의미를 찾지 못한다. 그러나 목숨
을 끊기 전 매듭지어야 할 인연 한 자락이 있었다. 절명 직전 자신
을 보고 싶다던 영재의 묘소를 참배하는 일이다. 그후 매천 또한 치
사량의 아편을 마시고 순국한다.

✛ 영재 생가의 350년 수령의 측백나무는 당시를 모두 기억하리라.

해방 한 해 전, 일흔이 넘은 한 노인이 마을 뒤 저수지로 올라간다. 그리고 다시는 떠오르지 못하도록 큰 돌을 몸에 칭칭 감고 저수지에 몸을 던진다. 벗어 반듯하게 개어 놓은 그의 옷에는 꼬깃꼬깃 접어서 꿰맨 「절명시」가 들어 있었다. 망국의 한을 품고 '내가 꼭 죽어야 할 이유가 있어서 죽는 것이 아니다. 황은이 망극해서도 아니고, 누가 시켜서 그런 것도 아니고 그저 분해서다.'라고 절규하며 자결한 형님 매천 황현의 작품이었다.

석전 황원. '생전에 그를 잘 아는 사람도 구례 황아무개 하면 모두들 자리를 피했다. 당국의 추궁이 두려웠기 때문이었다.' 위당 정인보 선생이 쓴 황원의 묘비명 한 구절이 식민지 시기 그의 삶을 요약한다.

그들을 생각하면 눈물이 난다

매천과 석전 형제의 죽음 사이가 곧 망국의 때였다. 동생은 그 치욕의 시기를 죽지 않고 버텼다. 굴욕을 견뎠다. 형님이 죽음으로 만든 신념의 의미를 차마 저버릴 수 없었기 때문이리라. 35년이면 충분하다고 생각했을까. 동생은 형님의 유지를 지켰다는 판단에 역시 자신의 방식으로 시대를 심판했다. 민

✚ 황현 초상

영규 선생의 『강화학 최후의 광경』이 전하는 절절한 이야기다.

눈은 차마 감지를 못하시고

일의 성패보다 동기의 순수성을 소중하게 여긴 강화학 – 양명학의 지적 세례를 받은 이들 중에는 우당 이회영 선생도 있었다. 하지만 우당의 선택은 달랐다. 배움과 실천의 일치를 무엇보다 중요시했던 선생은 망국 직후 가족 전체와 망명한다. 그리고 이십 년이 넘는 세월 동안 풍찬노숙이라는 말로는 부족할 고초를 겪으며 조국을 되찾는 일에 최선을 다했다.

우당은 자신이 항일의 첫걸음을 내디뎠던 만주에서 무장투쟁을

✛ 뤼순감옥 전경으로 회색 부분은 러시아가 최초 건축한 것이고, 붉은 부분은 일본이 증축한 것이다.

이어 가기 위해 66세의 노구를 이끌고 상하이를 출발한다. "나는 살 만큼 살았고, 이제 남은 것은 동지들에게 이 늙은이도 항일 전선에서 끝까지 싸웠음을 알리는 것이다." 선생의 마지막 전언이다.

상하이 황푸강에서 아버지를 배웅한 후 도착 소식을 기다리던 선생의 아들 이규창은 그러나 뜻밖에 어머니가 보낸 전보를 받는다. '11월 17일 부친 대련 수상경찰서에서 사망.' 일제 경찰은 우당이 자살했다고 발표했지만 누구도 믿지 않았다. 무자비한 고문에도 환갑을 훌쩍 넘긴 우당은 어떤 발설도 하지 않았단다. 우당의 부인 이은숙 여사는 『서간도 시종기』에서 딸을 통해 전해들은 선생의 마지막을 다음과 같이 기록하고 있다.

형사가 시키는 대로 시체실에 가서 저의 부친 신체를 뵈었다. 옷을 입으신 채로 이불에 싸서 관에 모셨으나 눈은 차마 감지를 못하시고 뜨신 걸 뵙고 너무나 슬픔이 벅차 기가 막힌데, 형사들은 재촉을 하고 저 혼자는 도리가 없는지라, 하는 수 없이 시키는 대로 화장장에 가서 화장을 하고 유해를 모시고 신경으로 왔으니, 슬프도다.

그럼 우당이 체포된 곳은 어딜까? 북방의 홍콩이라 불리는 다롄이다. 이곳에서 남서쪽으로 한 시간여를 달리면 뤼순이다. 이곳은 고종의 총애를 받던 우당의 동생 성재 이시영이 1895년 관전사觀戰使로 시찰을 했던 곳이기도 하다. 네 차례나 다롄을 찾았지만 늘 뤼순 답사 일정에 쫓겨 다롄은 둘러볼 기회를 갖지 못했기에 우당

✚ 다롄 수상경찰서의 현재 모습

이 체포된 수상경찰서를 답사하기 위해 다시 다롄으로 향했다.

우당이 다롄에 도착하자마자 체포돼 끌려갔던 수상경찰서, 그곳에서 놀라운 사실 한 가지를 발견했다. 한동안 우당의 순국처로 알려졌던 이곳은 일제의 만주 침략시기 '만철대련부두사무소滿鐵大連埠頭事務所'로 쓰였다. '만철', 즉 남만주철도주식회사는 일제 식민 시기 조선 수탈을 위해 설립되었던 동양척식주식회사, '동척'과 유사하게 일제가 만주 전역을 수탈하기 위해 설립한 국책 회사다.

어렵게 들어간 실내는 뜻밖에도 화려하고 깔끔했다. 자신들의 풍요를 위해 타인의 삶을 깡그리 부정하는 폭력의 서늘함과 매정

그들을 생각하면 눈물이 난다

함을 엿본 듯했다. 그런데 어이없고
안타까운 일은 또 있었다. 건물 옆으
로 중국식 기념비 모양과는 다른 표
지석이 있어 확인했더니 일본 요코
하마 시장이 기증한 석물이었다. 요
코하마항과 다롄항의 제휴 10주년
을 기념하며 '우호의 증거'로서 세운
조형물이라는 설명이다.

✦ 중국·일본 우호 기념물

　전쟁과 갈등의 시기를 극복하고 평화와 화해를 증진하는 일이
서운할 것도 꺼려할 일도 아니지만, 우당이 피체된 이곳에 직접적
피해 당사자인 우리를 빼놓고 중국과 일본이 우호 관계임을 선언
한다는 게 당혹스러웠다. 마치 윤봉길 의거 현장에 중국과 일본이
세계 평화를 기원하며 나무를 심고 기념비를 세운 것처럼 말이다.

　하얼빈에서 뤼순으로 이감된 후 안중근 의사는 히라이시 우지
히토平石氏人 고등법원장과의 면담에서 동양 평화에 대한 자신의 구
상을 밝힌 적이 있다. 안 의사는 재정은 '사람으로 치면 건강'이라
고 전제하고, 청나라, 조선, 일본 3국의 평화를 위해 뤼순에 동양평
화회의를 개설하고, 세 나라 인민 수억 명이 1원씩을 내 자금을 조
달하자고 제안한다. 그러나 일본이 원한 동양 '평화'는 달랐다. 자신
들에게 저항하는 조선인들, 일명 '불령선인不逞鮮人'들의 분란이 완
벽히 제거된 폭력적 침묵의 상태가 그들에겐 평화였다.

이를 위해 일제는 다롄에 남만주철도주식회사를 설립해 조선을 넘어 청, 러시아, 몽골 침략과 자원 약탈에 나선다. 이토 히로부미가 하얼빈으로 가기 위해 탄 열차가 바로 다롄에서 출발하는 '만철'이었으며, 하얼빈은 만철과 동청철도의 교차점이었다. 이토 히로부미의 하얼빈행은 만

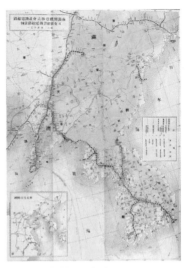

✦ 부산-창춘 철도노선 지도

주를 넘어 러시아 침략을 위한 교두보를 마련하기 위한 것이었다.

오히려 지금이 더 실감 나지 않는 일이지만 일제 강점기 당시 경성역, 지금의 서울역은 국제역이었다. 1912년 부산에서 만주 창춘長春까지의 직통 열차가 개통되었고, 다음해에는 이 노선이 시베리아 철도와 연결되면서 유럽 주요 도시로의 연락 운수가 시작되었기 때문이다. 즉 일제 식민지 시기 경성역은 베이징과 하얼빈, 모스크바와 베를린, 파리로 이어지는 기점이었던 것이다.

만철의 객차 또한 세계적인 수준이었다고 한다. 뤼순감옥에서 단재를 면회한 적이 있는 〈조선일보〉 특파원 이관용의 기록이다. "내가 10여 년 동안 세계 각국의 이름 있는 기차는 거의 다 타보았으나, 남만 기차처럼 편리하고 화려한 것은 일찍이 보지 못하였다."

✦ 왼쪽은 최초 만철 본사이고, 오른쪽은 이전 후 만철 본사의 내부다.

만철 본사가 있던 다롄에는 일제 침략의 역사가 고스란히 남아 있다. 만철 본사만 하더라도 최초 본사와 이전한 본사의 건물 상당수가 여전히 관공서로 쓰인다. 퇴락해 보이는 겉과 달리 안으로 들어가면 백여 년 전 지어진 건물이라고는 믿기지 않을 정도로 화려하다.

만철은 비단 철도회사만은 아니었다. 만주국을 배후에서 조종했던 두 세력이 관동군과 만철이었다. 만철은 철도를 부설한다는 명목하에 대륙 침략의 발판을 마련했고 이를 보호한다는 핑계로 관동군이 파견되었다. 그리고 기차역이 들어선 곳에 병원과 호텔, 은행 등을 운영하면서 그 지역의 사회 경제적 이권을 독점했다.

그 흔적을 찾다 보니 매우 흥미로운 사실을 확인할 수 있었다. 현재 다롄대학 부속 중산병원은 일제 강점기 만철병원이었다. 이

✛ 만철병원

✛ 조선은행 다롄 지점

곳은 만주국 당시 일본군 전용 병원으로 활용되었기에 우리 독립
투사들이 폭탄을 던져 파괴하는 등의 의거를 일으킨 곳이기도 하
다. 그런데 바로 이 병원에서 피투성이 시신으로 수습된 사람이 있
다. 이토 히로부미다. 하얼빈에서 안중근 의사에게 처단된 후 피 묻
은 옷을 벗을 새도 없이 이곳까지 옮겨졌던 것이다. 또 한 곳, 중산
광장의 조선은행 다롄 지점 건물 또한 일제 소선 침략의 명백한 증
거로 지금도 남아 있다.

살아서 사람, 죽어서도 사람

우리에겐 안중근 의사 순국처로 기억되는 뤼순감옥에서 우당
또한 순국했다. 그런데 뤼순감옥 내 우리 항일 투사들을 따로 소개

安重根
1879-1910

李会荣
(1867-1932)

申采浩
(1880-1936)

하는 곳에 가면 한 분을 더 만날 수 있다. 단재 신채호 선생이다. 단재 또한 독립운동 자금 모금을 위해 일본을 거쳐 타이완으로 가던 도중 체포돼 뤼순감옥에 수감된다. 이때 단재 나이 마흔아홉이었다. '나이로 보나, 명성으로 보나, 역할의 비중으로 보나 마땅히 뒤로 감추어 보호해야 할 존재'였던 선생은 그러나 머뭇거리지 않았다. '마흔아홉 살의 최전선 전사'로 항일 투쟁에 몸을 아끼지 않았던 것이다.

단재가 수감 중일 때 〈조선일보〉 신영우 기자가 면회를 온 적이 있다. 그는 선생의 글이 신문에 발표돼 큰 호응을 얻고 있다고 전한다. 하지만 단재는 완성된 글이 아니라며 연재 중단을 요구한다. 단재의 학문적 엄정함과 자기 엄격성이 돋보이는 장면이다. 그런데 더 인상적인 건 인터뷰의 마지막이다.

마지막으로 할 말이 더 없냐는 기자의 질문에 단재는 "아들놈 공부시킬 것이 걱정인데……."라며 말을 맺지 못한다. 그리고 얼마 후 일경의 횡포로 가족이 어렵게 산다는 소식을 들은 단재는 편지를 쓴다. "나는 건강하게 잘 있으니 내 걱정은 아무것도 하지 마시오. 늘 당신이 걱정인데, 정 어렵거든 아이들을 고아원에 보내시오." 아, 선생님!

✚ 박자혜 여사

단재는 형기를 삼 년여 앞둔 1936년 2월 21일, 차가운 감옥에서 순국한다. 부인 박자혜 여사와 아들 수범이 그 먼 곳까지 달려갔지만 일본 관원들의 방해로 임종을 지키지 못한다. 그 안타까운 과정은 단재의 장남 신수범 선생의 「아버님 단재」라는 글에 자세히 전한다. 순국 3일 전 서울의 단재 가족은 관동형무소로부

✚ 단재의 두 아들

터 한 장의 전보를 받는다. '신채호 뇌일혈, 의식 불명, 생명 위독.'

주요 신문사와 지인의 도움으로 여비를 마련한 박자혜 여사와 아들 수범은 급히 뤼순으로 출발한다. 그런데 경성역까지 형사들이 일행을 미행했다고 하니 「조선혁명선언」으로 그들의 간담을 서늘케 했던 단재가 두렵긴 두려웠나 보다. 20일에 뤼순에 도착하고 21일에 면회를 신청해 의식이 없는 선생을 겨우 1시간 뵐 수 있었다.

✦ 단재 순국 추정지, 의무동

임종이 가까우니 면회 시간을 늘려 달라는 요청은 묵살된다.

겨우 오후 2시가 넘어서야 병실인지 감방인지 모를 어떤 독방에 안내되었다. 여기도 화기라고는 조금도 없고, 시멘트 바닥에 다다미 몇 장, 그리고 홑이불 정도밖에 안 되는 얄팍한 이부자리, 그 속에 아버지께서 드러누워 계셨다. (…) 어머니는 부복俯伏하여 오열할 뿐이었다. 곡성을 내면 즉시 축출한다는 조건부 면회였던 것이다.

일제의 만행은 극악했다. 단재는 가족이 면회를 마친 한 시간 후, 그러니까 2월 21일 오후 4시경에 운명한 것이다. 그러고도 그들

351

은 사망 후 24시간이 지난 후에야 시신 인도가 가능하다며 22일 오후 4시까지 유족을 기다리게 한다. 그런데 막상 시간이 되니 그날이 '형무소의 문한閉限 시간'이라고 해 가족들은 다시 하루를 더 기다려 선생의 시신을 수습하고 화장할 수 있었다.

단재가 망국 직전 압록강을 건너 망명할 때 압록강 철교는 공사 중이었다. 조선도 모자라 중국과 러시아를 침략하고 약탈하려는 일제의 기초 공사였다. 그때 단재는 강 너머 조국을 향해 '나는 네 사랑, 너는 내 사랑'이라고 노래했다. 만 리 타국에서 26년 동안 어떤 타협도 없이 항일 독립 투쟁에 헌신했던 단재는 '강도' 일본의 흉기와도 같은 압록강 철교를 유골이 되어 건넜다. 정주역에선 사복 헌병이 유골을 뒤적이기까지 했다. "돌아가신 뒤에도 또 욕을 당해야 하는가?"라고 애원하고 발버둥 쳤으나 소용이 없었단다.

✦ 단재 순국 추정지, 의무동 내부

단재의 마지막이 그토록 참혹했기에 뤼순감옥을 답사할 때마다 나는 단재 순국 장소를 추정하려고

그들을 생각하면 눈물이 난다

노력했다. 정확한 근거는 없지만 일반 감방에서 떨어져 있는 의무동을 유심히 살피면서 상상력을 발휘했다. 의식 불명인 단재는 의무동으로 옮겨지지 않았을까. 아닌 게 아니라 그곳에는 신수범 선생의 기록처럼 한 사람 정도 들어갈 크기의 좁은 독방이 많았다. 아마도 격리가 필요한 환자를 위해서였으리라. 이곳 어디에서 단재가 외롭게 숨을 거두지 않았을까 생각하니 차마 발걸음이 떨어지지 않았다.

그럼 단재는 그나마 고국에선 편히 잠들었을까. 기막힌 일이 아직 남았다. 단재는 망국 직전 망명하였기에 1912년 시행된 조선민사령에 따른 호적이 있을 리 없다. 호적이 없으니 정상적인 장례 절차를 밟을 수 없었다. 다행히 종친 한 분이 면장이라 '공개적인 암장暗葬'을 했다. 한 가지 위안이 되는 건 단재 순국 몇 해 후 3·1운동 당시 민족 대표 33인으로 옥고를 치렀던 만해 한용운, 위창 오세창 두 분이 단재의 비석을 세운다. 한용운 선생이 벌석伐石하고 오세창 선생이 '丹齋申采浩之墓단재신채호지묘'라고 썼다. 하지만 일제의 감시로 오래도록 비석을 세우진 못했다.

그럼 해방 후 단재가 제대로 대접을 받았을까? 대한민국임시정부 수립 때부터 단재와 대

✦ 단재 묘비석

✦ 단재 묘소와 모과나무

립했던 이승만은 단재 유족을 홀대했다. 그리고 그토록 되찾고 싶
었던 조국 대한민국에서 단재는 64년 동안 무국적자로 방치됐다.
시아버지를 뵌 적 없는 며느리에 의해 2009년에야 단재의 국권은
회복된다. 이 참담한 이야기를 모두 기억하고 있을 수령 130년의
모과나무가 단재 묘소 뒤편에 서 있다. 아홉 살에 『자치통감』을 뗀
천재 손자를 위해 할아버지가 책거리 기념으로 심은 나무란다.

　단재 묘소 앞에서 그의 죽음을 안타까워했던 두 분을 떠올린다.
단재와 가장 가까운 벗이자 동지였던 벽초 홍명희는 '살아서 귀신
이 되는 사람이 허다한데, 단재는 살아서도 사람이고 죽어서도 사
람이다.'라고 탄식했다. '죽어서도 사람'인 단재는 억압과 광기만이
날뛰던 일제 강점기에 사람으로 살다가 사람으로 죽었다. 그것은

+ 단재가 어린 시절을 보냈던 청주시 귀래리에 사당과 묘소 그리고 기념관이 있다.

+ 단재가 태어난 대전광역시 어남동에는 복원된 생가와 동상이 있다.

식민지 백성들에게 준 희망이고 광명이었다.

　벽초는 또한 단재가 죽었을 리 없다고, 죽을 수 없다고 오열한다. '살아서도 자주 못 보았으니 이제 볼 수 없는 곳으로 갔구나.' 하고 생각하면 그만이라고 슬픈 '오기'를 부린다.

　단재의 순국 소식을 접하고 우당과 단재를 회고하는 글을 쓴 또한 사람은 심훈이다. 그는 아버지를 잃은 단재의 아들에게 이렇게 간곡히 위로하고 당부한다. '수범아, 나는 오늘 신문을 보고서야 네 이름을 알았다. 네 나이 어느덧 열여섯이니 지각이 날 때가 되었구나. 수범아, 너무 서러워하지 마라. 나는 너의 뼈와 핏속에 너의 어르신네의 재才와 절節이 섞였을 것을 믿는다!'

그들을 생각하면 눈물이 난다

꽃다운 이름이
후세에 길이 전하리

죽음의 늪에서나마 기뻐 웃으리로다

해방 직후 고국으로 돌아오는 임정 요인들의 귀국길은 참담했다. 미군이 임시정부를 '정부'로 인정하지 않았기에 각서를 쓰고 개인 자격으로 환국해야 했기 때문이다. 그나마 해방된 지 3개월 후인 11월 5일 충칭을 출발했고 상하이에서 한 달 정도 머문 후 고국으로 갈 수 있었다. 그런데 상하이에 머물 당시 백범은 크게 노한 적이 있다.

임정이 상하이를 떠난 1932년에 비해 교민 수는 몇십 배 늘었지만 대부분 '왜놈의 앞잡이'가 되었다는 게 그 이유였다. 그중에서도 백범이 '민족반역자'로 직접 언급하며 교수형에 처하라고 한 이가 있다. 안준생. 그는 형 안문생이 어린 시절 의문의 죽음을 당한

후, 유일하게 남은 안중근 의사의
아들이다.

도대체 무슨 일이 있었던 걸까.
왜 '민족의 지도자' 백범은 '민족의
영웅' 안중근 의사의 아들을 죽이
라고 한 걸까. 『백범일지』에 따르면
안준생은 '이등박문伊藤博文'의 죄를
용서하고 '남총독南總督'을 아버지라
불렀다고 한다. '남총독'은 1936년

✚ 안중근 가족

부터 1942까지 조선총독을 지낸 미나미 지로南次郎를 가리킨다. 그
럼 안준생이 용서했다는 '이등박문伊藤博文'은 누굴까?

1932년 10월 26일 서울 한복판, 현재 서울 신라호텔 영빈관 자
리에 박문사博文寺라는 절이 완공된다. '박문博文'과 '10월 26일'에서

✚ 박문사 ⓒ 문화콘텐츠닷컴

✚ 서울신라호텔 영빈관

연상되는 자, 안중근 의사가
처단한 조선 침략의 원흉 이
토伊藤 히로부미博文다. 그의
23주기에 맞춰 조선총독부가
사찰을 세운 것이다. 이곳의
야트막한 언덕을 춘무산春畝山
이라 했는데, 춘무春畝는 이토
의 호니, 구색은 다 갖추었다.

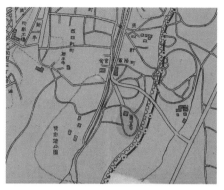

✛ 1934년 제작된 '경성부관내도'에 '博文寺
박문사'가 표시되어 있다.

그런데 1939년 10월 15일, 안준생이 바로 이곳 박문사에서 이
토 히로부미의 영전에 향을 피운 것이다. 조선총독부 기관지 〈경성
일보〉는 「아버지의 속죄는 보국의 정성으로」라는 자극적인 제목을
뽑으며 이 '화해극' 선전에 열을 올린다. 서글픈 행적은 계속된다.
다음 날 안준생은 이토 분키치伊藤文吉를 만나는데, 그는 이토 히로
부미의 아들이다.

친일 신문이 이 '호재'를 놓칠 리 없다. 〈매일신보〉 1939년 10월
18일자에는 '그 아버지들에 이 아들들 잇다'라는 기사 제목 아래
이 만남을 소개한다. 두 사람이 극적인 대면을 했고 마치 형과 동생
처럼 친하게 보였으며, 30년 원한을 영원히 풀었다는 표제를 달았
다. 누가 형제며, 도대체 누가 원한을 풀 자격이 있단 말인가? 참혹
한 일이다.

물론 친일 신문의 전언을 모두 믿을 필요는 없다. 유족의 증언도

신문 보도와는 확연한 차이가 있기 때문이다. 하얼빈 의거 직후부터 조선총독부 외사경찰이 안 의사 가족을 감시했고, 이 사건 또한 조선총독부의 후원을 받아 그가 기획한 조작극이었다는 게 대강의 내용이다. 이것이 사실이라면 백범은 오해했던 것일까? 그리고 안준생은 일제에 이용당한 희생자라는 면죄부를 받을 수 있을까?

하지만 더 중요한 질문은 안준생을 반역자라고 편리하게 치부할 자격이 우리에게 있는가 하는 것이다. 평생을 조국 해방에 몸 바친 백범의 '오해'야 정당할 수 있다. 하지만 국권 회복을 위해 자신의 모든 것을 희생한 안 의사에 대해 방관자 내지 구경꾼에 불과한 우리의 비난은 얼토당토않다.

경희궁의 정문 흥화문을 뜯어 박문사 산문을 만들고 여기에 이토의 호 춘무를 따 경춘문慶春門이라 이름 붙인 일제는 그렇다 치자.

✦ 박문사 산문 ⓒ 문화콘텐츠닷컴   ✦ 현재의 박문사 산문 자리

그들을 생각하면 눈물이 난다

하지만 흥화문을 원래 자리인 경희궁에 복원하며 경춘문이 있던 그 위치에 굳이 똑같은 모양으로 출입문을 복원한 무심함을 먼저 돌아봐야 하지 않을까.

박문사 터는 원래 장충단奬忠壇이었다. 명성황후가 시해된 을미사변 당시 순국한 이들의 충정을 기리기 위해 세운 제단인 것이다. 대한제국의 국립묘지 격인 장충단에서는 봄가을에 꾸준히 제사가 거행됐고 그래서 이곳은 대한제국 충의의 상징적 공간이었다.

그런데 바로 그 때문일까? 일제는 1908년 제사를 중단시키고 1919년에는 장충단을 일본식 공원으로 타락시킨다. 1909년 이토 히로부미가 안중근 의사에게 처단되었을 때는 거국적인 '국민대추도회'도 바로 이곳에서 열렸다. 이토 히로부미를 기리는 박문사 건립은 장충단의 역사적 의미를 완벽하고 최종적으로 왜곡한 작태였던 것이다.

그런데 이곳이 어떻게 안 의사와 관련될까? 안중근 의사는 의거 다음 날인 1909년 10월 27일, 하얼빈 일본영사관에서 첫 심문을 받는다. 이때 안중근 의사가 열거한 이토 히로부미의 죄악 열다섯 가지 중 첫 번째가 바로 명성황후를 시해한 죄였다.

장충단의 본래 목적을 기억할 장충단비는 현재 장충단공원 입구에 덩그러니 서 있다. 장충단비의 '奬忠壇장충단'은 한 나라의 황후도 지키지 못한 대한제국 마지막 황제 순종이 황태자 때 쓴 것이다. 오른쪽 상단의 '睿筆예필'로 이를 알 수 있다. 그리고 비 뒷면에

는 충정공 민영환의 글이
새겨져 있다. 그가 누군가?
을사늑약이 체결되자 '우리
의 자유와 독립을 회복한다
면, 죽은 자는 마땅히 저 어
둡고 어둑한 죽음의 늪에
서나마 기뻐 웃으리로
다.'고 유언하고 순국
한 또 다른 안중근이다.

✛ 장충단비

　　제자리를 지키지 못한 순종과 민영환의 글씨와 달리 이토 히로
부미의 글씨는 100년 넘게, 해방 70년이 지난 후에도 한국의 중심
부에 단단히 자리 잡고 있다. 현재 한국은행 화폐박물관으로 쓰이
는 옛 한국은행 건물은 1912년 조선은행 본점 건물로 완공되었다.
이후 두 차례의 전면적인 개수, 보수 및 증축에도 불구하고 주춧돌
에 새겨진 '定礎정초'는 이토 히로부미가 쓴 것 그대로 남아 있다.
제작 연대 '隆熙三年융희3년'
은 1909년이니 무심함이 이
정도면 재앙이라고 할 만하다.

✛ 이토 히로부미 글씨

평화 통일, 최후의 독립운동

서울에 사는 사람치고 남산에 오르지 않은 이가 없겠지만 남산 중턱에 위치한 안중근의사기념관을 관람한 이는 많지 않을 것이다. 사정이 이러니 그곳이 일제 강점기 '조선신궁' 터였다는 사실을 아는 이도 거의 없다. 신앙까지도 강요당했던 망국 시기, 전국에 건립된 신사의 대표가 바로 남산 조선신궁이었다. 바로 그 터에 조선의 의기를 보여 준 안 의사를 기념하는 공간을 조성한 것이다.

기념관에 들어가기 전 앞뜰에 서 있는 매화나무를 먼저 보자. 와룡매臥龍梅라 불리는 이 매화나무는 400년 된 모목母木의 후계목인데, 그 사연이 기구하지만 뜻깊다. 와룡매는 원래 창덕궁 선정전 앞에 심겨 있었는데 임진왜란 당시 왜군 장수가 일본으로 가져갔다.

✦ '경성유람안내도' 중 조선신궁 © 서울역사박물관

✦ 조선신궁

그후 미야기현 즈이간지瑞巖寺를 비롯한 몇 곳에 뿌리 내린다.

그런데 같은 현에 위치한 다이린지大林寺는 앞서 소개한 것처럼 안중근 의사와 인연이 깊은 곳이다. 이곳에서 개최된 안 의사 추도 법회에 참석한 즈이간지 주지는 일제의 식민 지배로 인한 피해와 살

➕ 와룡매

상에 대한 참회의 일환으로 후계목 반환을 제의한다. 그래서 와룡매의 후계목인 홍매와 백매가 안 의사 순국 89주기를 맞아 고국으로 돌아올 수 있었던 것이다.

1970년 하얼빈 의거 기념일에 개관한 안중근의사기념관은 2010년 새롭게 단장해 지금에 이른다. 초입에서 대면하는 안중근 의사 동상이 할 일을 다 한 이의 당당함으로 앉아 있는 것과 달리 전시관 마지막에 선 안 의사는 여전히 급히 뛰는 형상이다. 일본 군국주의가 부활하고 한반도에 전운이 높아 가는 지금, '끝나지 않은 전쟁'에 여전히 분주한 의사의 모습에 송구스러울 뿐이다.

옥중에서 안 의사는 동생에게 두 가지 부탁을 한다. 망해 가는 고국에는 죽어서도 돌아가기 싫으니 나라를 위해 힘썼던 하얼빈공원에 잠시 묻었다가 국권이 회복되면 고국으로 옮겨 달라는 것이었다. 우리는 그 둘 중 하나도 들어주지 못했고, 하얼빈 자오린兆麟공원에는 중국인이 조성한 유묵 비석이 있다는 이야기는 앞서 했다.

이 황망함과 죄스러움을 앞서 절절하게 느낀 이가 있다. 환국 후 백범은 망국 시절 목숨을 바쳐 항일 투쟁에 나섰던 의사 열사들의 유해 수습을 서두른다. 노력은 성과를 거두어 이봉창, 윤봉길, 백정기 삼의사의 유해를 수습하고 효창원에 안장한다. 이때 그 첫머리에 안중근 의사의 가묘도 조성한다.

세계에서 두 번째로 장서가 많다는 상하이도서관을 방문했을 때 일이다. 직원에게 북한 책이 있는지 물었더니 잡지가 있다면서 안내해 주었다. 조금은 설레는 마음으로 따라가 보니 〈KOREA〉라는 제목의 영문 잡지를 건네주었다. 체제 선전용 기사가 태반인 그 책에서 이채로운 기사 하나를 발견했다. 안중근 의사의 일생을 소개하는 글이었다.

그때 문득 우리 독립운동사가 결코 박제된 과거가 아니라 미래의 소망일 수 있겠다는 생각을 했다. 수십 년을 떨어져 산 남북이 공유할 수 있는 것 중 가장 자연스럽고 자랑스러운 것이 항일 독립투쟁의 역사가 아니겠는가. 그런 점에서 남북의 평화 통일이야말로 온전한 독립국가로 거듭나는, 선열들이 그토록 원했던 새로운 세상으로 향하는 '최후의 독립운동'이리라.

✦ 안중근 의사 가묘

몸이야 떠나신들
꽃이야 잊을쏘냐

동짓달 꽃, 얼음 아래 잉어

윤동주를 아무리 흠모한다고 해도 그가 태어난 곳이나 눈을 감은 곳, 묻힌 곳을 답사하기는 쉬운 일이 아니다. 그러나 동주의 '가장 풍요로웠던 시기, 가장 자유로웠던 시기'를 추체험하기 위해서라면 멀리 가지 않아도 된다. 청년 윤동주는 바로 경성, 지금의 서울에서 두 번째로 긴 공부 시간을 가졌으니까.

그럼 서울에서 윤동주 답사를 시작하기 안성맞춤인 곳은 어딜까? 윤동주가 맨 처음 정착했고, 그래서 그를 기리는 시비와 기념 공간이 가장 먼저 세워진 곳, 바로 연세대학교다.

현재의 연세대학교와 과거의 연희전문이 겹치는 대표적 공간은 언더우드관과 그 좌우의 스팀슨관, 아펜젤러관이다. 그런데 이곳에

✦ 왼쪽은 본관의 태극 문양이고 오른쪽은 연전에 가장 먼저 세워진 스팀슨관의 태극 문양
이다.

는 윤동주가 연희전문을 선택한 중요한 이유가 아직도 남아 있다.
윤동주는 대학 1학년 여름방학 때 고향으로 돌아가 후배에게 연희
전문을 소개하면서 학교 곳곳에 태극 마크가 새겨져 있는 등 민족
적인 정서가 충만하다는 이야기를 한 적이 있다. 동주가 말한 태극
마크는 아닌 게 아니라 돌에 새겨진 채 지금도 또렷하게 남아 있다.

세 건물은 연희전문학교 창설자이자 초대 교장인 원두우元杜尤,
그러니까 언더우드 박사의 동상을 옹위하듯 서 있는데, 동상 앞 또
한 동주의 자취가 남은 곳이다. 당시 연희전문 문과 교수 이양하 선
생은 특히 윤동주에게 큰 영향을 끼쳤다고 한다. 나중에 동주가 졸
업 기념으로 제작한 세 권의 필사본『하늘과 바람과 별과 시』중 한
권을 이양하 선생에게 드린 것만 보아도 이를 알 수 있다.

　그런데 바로 이곳, 언더우드 동상 앞에서 이양하 선생과 윤동주를 포함한 문과 학생 모두가 찍은 사진이 남아 있다. 이곳을 답사하게 되면 동주의 동기생이 된 기분으로 과거의 시간을 현재로 소환해 보길 바란다.

　당시 중학은 현재의 중고등학교 과정을 통합한 5년제였다. 은진중학은 4년제 중학교였기에 상급 학교 진학에 불리했다. 그러므로 5년제 중학으로 편입하는 것이 상급 학교에 진학하려는 당시 학생들의 일반적 선택이었다. 이에 고향 인근 용정에서 은진중학을 다니던 윤동주는 상급 학교 진학을 위해 평양 숭실중학으로 편입한다. 그러나 윤동주의 평양 시절은 오래가지 못했다. 1936년 신사 참배 거부 문제로 윤동주가 자퇴했기 때문이다.

　그때의 '고딩' 동주의 참담함을 「종달새」라는 시구에서 확인할 수 있다. '오늘도 구멍 뚫린 구두를 끌고 / 홀렁홀렁 뒷거리길로 / 고기새끼 같은 나는 헤매나니 / 나래와 노래가 없음인가 / 가슴이 답답하구나'

하지만 서울에서는 달랐다. 연희전문 입학 후 '나의 길은 언제나 새로운 길'이라며 더 큰 배움에 기대와 각오를 보였던 것이다. '내가 문학을 해봤지만 문학이란 건 아무 쓸 데가 없더라.'며 문과 진학을 반대했던 아버지의 염려를 의식한, 조금은 과장된 제스처도 포함된 감정이었으리라.

연희전문 입학 당시인 1938년 4월 윤동주는 송몽규와 함께 당시 기숙사였던 핀슨홀 3층 왼쪽 방에 기거한다. 이때 강처중을 처음 만난다. 그는 해방 후 〈경향신문〉 기자로서 동주의 시를 알리는 데 누구보다 애쓴 벗이다. 그의 주도로 유고 시집『하늘과 바람과 별과 시』가 나올 수 있었다. 현재 이곳 2층에는 아담한 윤동주 기념실이 자리하고 있다. 용정중학과는 달리 윤동주의 자취가 남은 곳에 위치한 기념 공간이라 더 의미가 있다.

핀슨홀 바로 앞쪽으로는 윤동주 시비 중 가장 먼저 세워진 시비가 있다. 나중에 건립된 용정중학과 도시사同志社

핀슨 홀(Pinson Hall)과 윤동주

연희전문학교 창립 초기에 종이 든 미국 남감리교 총무 핀슨박사를 기념하기 위하여 핀슨홀로 명명된 이 건물은 1922년에 학생기숙사로 준공되었다. 1938년 연희전문학교 문과에 입학한 윤동주(尹東柱, 1917~1945)는 이 기숙사에서 생활하며, 사색하고 고뇌하며 시 쓰기에 전념하였다.

Pinson Hall was erected in 1922, in honor of Dr. W. W. Pinson of the Southern Methodist Church, U.S.A., donor of the funds, as a dormitory where students could study and relax. YUN Dong-ju (1917~1945), a student of the Literary Department of Yonbi College, stayed here from 1938 to 1941, reflecting deeply on the state of the country and writing his poetry.

그들을 생각하면 눈물이 난다

✚ 핀슨홀과 최초의 윤동주 시비

대학 시비와 마찬가지로 「서시」가 새겨진 시비 뒤에는 동주의 작품
이 '하늘과 바람과 별과 더불어 길이 그치지 않는다.'라고 적혀 있
다. '나의 별에도 봄이 오면 내 이름자 묻힌 언덕 위에도 자랑처럼
풀이 무성할 게외다.'라던 시인의 소망이 그가 떠난 후에나마 모교
교정에서 후배들에 의해 이루어진 것 같아 조금은 마음이 가볍다.

그런데 윤동주는 언제 시인이 되었을까? 이 단순한 질문에 답
하기가 생각보다 만만치 않다. 당시 작가 지망생들은 대개 신춘문
예를 통해 등단하거나 저명 시인의 추천을 받아 문단에 나갔다. 그
런데 윤동주는 송몽규와 달리 신춘문예에 당선되지 못했다. 그럼
기성 시인의 추천을 받은 적이 있을까? 그건 그가 세상을 떠난 후

2년이 더 지난 1947년의 일이다.

누가 윤동주를 추천 혹은 소개했을까? 당대 가장 저명한 시인
이자 윤동주가 그토록 흠모했던 작가, 그리고 도시샤대학 선배이
기도 한 정지용이다. 당시 〈경향신문〉 주간이던 정지용은 현존하는
윤동주의 최후의 작품인 「쉽게 씌어진 詩」를 〈경향신문〉에 소개한
다. 그는 '꽃과 같은 詩人을 暗殺(암살)하고 저이도 亡(망)했다.'며
동주의 죽음을 안타까워함과 동시에 일제에 대한 분노를 감추지
않았다. 그는 또한 뒤늦게나마 그의 시를 소개할 수 있어 '尹君(윤
군)보다도 내가 자랑스럽다.'고 소개글을 맺었다.

시인은 대체로 시집을 출간한다. 그럼 동주는 시집을 낸 적이
있을까? 연희전문 졸업 기념으로 동주가 직접 제작한 필사본 시집
이 있긴 하다. 그러나 개인적으로, 그것도 자필로 쓴 시 십 수 편을
묶어 책으로 꾸몄다고 그를 시인이라 부르진 않는다. 잘 알다시피
정식 출간된 시집은 그의 사후인 1948년에 발간된다.

유고 시집『하늘과 바람과 별과 시』에는 '불러도 대답 없을 東柱(동주) 夢奎(몽규)였만 헛되나마 다시 부르고 싶은 東柱! 夢奎!'라는 강처중의 절규가 발문으로 포함돼 있다. 그리고 정지용은 다음과 같은 서문으로 다시 동짓달 꽃과 같고 얼음 아래 잉어와 같은 동주의 이른 죽음을 안타까워한다.

무시무시한 고독孤獨에서 죽었구나! 29세歲가 되도록 시詩도 발표發表하여 본 적도 없이! 일제시대日帝時代에 날뛰던 부일문사附日文士 놈들의 글이 다시 보아 침을 배알을 것뿐이나, 무명無名 윤동주尹東柱가 부끄럽지 않고 슬프고 아름답기 한限이 없는 시를 남기지 않았나? 시詩와 시인詩人은 원래 이러한 것이다.

그럼 윤동주는 1947년 혹은 1948년엔 시인이 되었다고 말할 수 있을까? 누군가에 의해 '시인'으로 불린 때가 그때인가 하는 질문이다. 그가 시를 쓰고 날짜를 기록한 최초의 때는 1934년 12월 24일로, 은진중학에 다니던 시기다. 이후 꾸준히 시를 썼으니 '시를 쓰는 학생'이자 '시인 지망생'이기는 했겠지만 '시인'으로 불리지는 않았다. 그런데 놀랍게도 그가 '시인'으로 명명된 때는 1945년으로 거슬러 올라간다. 앞서 용정 답사기에 소개한 것처럼 할아버지와 아버지에 의해 세워진 묘비석에 '詩人 尹東柱시인 윤동주'가 또렷한 것이다.

홀로 걸어가는 슬픈 사람의 뒷모양

이제 연전 이외의 거처를 찾아가 보자. 윤동주는 2학년 때 기숙사를 나와 학교 주변에서 하숙을 하다 1940년 3학년 때 다시 기숙사로 돌아온다. 그리고 이때 신입생인 정병욱을 만난다. 훗날 동주의 필사본을 보존해 유고 시집을 발간하는 데 결정적인 역할을 한이다. 둘은 동주의 연전 마지막 해에 누상동 9번지 소설가 김송의 집에서 같이 하숙을 했다. 정병욱 선생의 회고다.

아침 식사 전에는 누상동 뒷산인 인왕산 중턱까지 산책을 할 수 있었다. 세수는 산골짜기 아무 데서나 할 수 있었다. 방으로 돌아와 청소를 끝내고 조반을 마친 다음 학교로 나갔다. (…) 누상동 9번지로 돌아가면 조 여사가 손수 마련한 저녁 밥상이 기다리고 있었고, 저녁 식사가 끝나면 김 선생의 청으로 대청마루에 올라가 한 시간 남짓한 환담 시간을 갖고 방으로 돌아와 자정 가까이까지 책을 보다가 자리에 드는 것이었다.

겸재 정선이 산수화 '수성동'에 묘사한 공간을 거쳐 '인왕제색도'의 인왕산으로 오르는 길을 매일 산책했다는 이 글의 내용은 직접 하숙집 터를 가보면 알 수 있다. 하숙집에서 100여 미터만 올라가면 바로 수성동 계곡이 이어지고 청계천의 수원지였던 계곡을 지나면 인왕산 중턱에 닿을 수 있기 때문이다. 윤동주가 세수를 했던 계곡은 말라 버렸지만 그의 자취를 느끼기에 지금도 결코 부족하지 않다.

동주의 산책로였던 인왕산 중턱을 가로지르는 인왕산 자락 길을 따라가면 창의문으로 이어지고 바로 이곳에 윤동주문학관과 '시인의 언덕'이 있다. 이것이 과도한 추모 사업이라는 비판이 없진 않다. 당시 이곳에는 길이 없었는데 어떻게 동주가 여기까지 걸어올 수 있겠느냐는 주장이다.

✦ 인왕산 오르는 길

이치에 어긋난 말은 아니지만 동주를 느끼려는 이들에겐 달갑지 않는 '입바른 소리'이기도 하다. 동주가 걸었던 길이 아니더라도 수성동 계곡에서 '시인의 언덕'까지 이어진 인왕산 자락 길을 포기할 순 없다. 동주와 함께 매일 아침을 맞았을 북악과 목멱木覓이 여전한 것은 이 길을 걸어야 알 수 있기 때문이다.

　　'시인의 언덕'에는 여느 곳과 같이 「서시」가 새겨져 있다. 이곳은 맑은 하늘 아래 서울을 굽어보는 자리지만 이 작품을 쓸 당시 동주 마음자리는 그렇지 못했다. 졸업 기념으로 77부 한정판 시집 발간을 준비했지만 이양하 선생의 충고로 성사되지 못했기 때문이다. 아쉬움을 달래려 했던지 윤동주는 필사본 3부를 마련해, 한 권은 자신이 소장하고 이양하 선생과 후배 정병욱에게 한 권씩 선물한다.

그리고 곧 일본 유
학을 준비한다. 태평
양전쟁이 발발한 직후
라 학기가 단축돼 원래
예정보다 석 달 앞선
1941년 12월에 졸업을
했기 때문이다. 그런데

✚ 윤동주와 정병욱

현해탄을 건너기 위해 반드시 넘어야 할 산이 있었다. 창씨개명이
다. 사실 용정 윤동주 집안에서는 일제 겁박에 못 이겨 1940년 '히
라누마(平沼)'로 이미 창씨를 했던 것으로 추측된다. 하지만 동주는
졸업 때까지 자신의 본래 이름을 썼다.

그런데 일본 대학 진학을 위해서는 연전 학적부에 기록된 이름
과 호적등본상 이름이 일치해야 했다. 또 일본 유학을 위해선 우선
일본으로 가야 했는데, 그러자면 반드시 도항 증명서가 필요했다.
그리고 이 증명서에는 반드시 창씨개명된 이름이 기재되어야 했다.
윤동주는 1942년 1월 29일 연전에 창씨개명계를 제출할 수밖에 없
었다.

최대의 자기 결단 혹은 비하의 표현이 '성을 갈다'인 민족에게
창씨개명은 어떤 의미였을까. '잎새에 이는 바람에도 괴로워했던'
그 섬세한 시인에게 스스로 창씨개명계를 내는 행위는 어떤 고통
이었을까. 서류 제출 닷새 전 동주는 자신의 심정을 정리해 한 편의

시를 쓴다. 「참회록」이다.

깔끔하고 단정한 윤동주의 평소 성격과 달리 낱장 상태로 남은 이 작품 초고에는 여러 가지 낙서가 난무하다. '詩人의 告白(고백), 渡航證明, 힘, 生, 生存, 生活, 詩란?' 창씨개명계를 내던지듯 제출하고 터덜터덜 하숙집으로 향하는 동주의 모습은

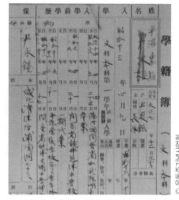

✚ 본명은 붉은 두 줄로 그어졌고 창씨개명된 이름이 적혀 있다.

어떠했을까. '어느 운석 밑으로 홀로 걸어가는 슬픈 사람의 뒷모양' 같지 않았을까.

그러나 당시 윤동주가 참혹하고 참담하기만 했던 건 아닌 것 같다. 다행스럽게도 그를 격려하고 위로했던 기록이 남아 있기 때문

✚ 시인의 언덕

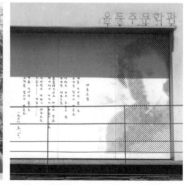

✚ 윤동주문학관

이다. 후배 정병욱이 선배 윤동주의 졸업을 축하하며 선물한 책에
쓴 시조 두 수다.

언니가 떠난다니 마음을랑 두고 가오
바람 곧 信 있으니 언제 다시 못 보랴만
이깃븜 저 시름에 언니 없어 어이할고

저 언니 마음에서 冬柏꽃 피연지고
冬柏꽃 피온 고장 내 故鄕이 아닌가
몸이야 떠나신들 꽃이야 잊을쏘냐

참고도서

중국 남부

강영심 저, 『신규식』, 역사공간

김구 저, 『백범일지』, 돌베개

김구 저, 엄항섭 편, 『도왜실기』, 범우사

김삼웅 저, 『약산 김원봉 평전』, 시대의창

김신 저, 『조국의 하늘을 날다』, 돌베개

김원봉 구술, 박태원 저, 『약산과 의열단』, 깊은샘

김자동 저, 『상하이 일기, 임정의 품안에서』, 도서출판 두꺼비

김희곤 외 저, 『제대로 본 대한민국 임시정부』, 지식산업사

박건웅 저, 『제시이야기』, 우리나비

박은식 저, 『한국독립운동지혈사』, 소명출판

박은식 저, 김태웅 역해, 『한국통사』, 아카넷

박창화 저, 『省齋 李始榮 小傳』, 을유문화사

샤녠성夏輦生 저, 강영매 역, 『선월』, 범우사

샤녠성夏輦生 저, 김승일 역, 『천국의 새』, 범우사

신규식 저, 김동환 역, 『한국혼』, 범우사

신주백 저, 『이시영』, 역사공간

이만열 외 저, 『서울抗日獨立運動史』, 서울특별시시사편찬위원회

이봉원, 저, 『대한민국 임시정부 바로 알기』, 정인출판사

이화림 구술, 張傳杰 편, 박경철 역, 『이화림 회고록』, 차이나하우스

정경모 저, 『찢겨진 산하』, 한겨레출판

정운현 저, 『친일파와 한국 현대사』, 인문서원

한시준 외 저, 『대한민국 임시정부 이전지 현황』, 범우사

한시준 저, 『대한민국 임시정부의 지도자들』, 역사공간

중국 중부

『나라사랑 제16집 : 육사 이원록 선생 특집호』, 외솔회

강대민 저, 『여성 조선의용군 박차정 여사』, 도서출판 高句麗

고은 저, 『한용운 평전』, 향연

김삼웅 저, 『심산 김창숙 평전』, 시대의창

김영범, 『윤세주』, 역사공간

김준엽 저, 『長征-나의 光復軍 時節 上』, 나남

김학동 저, 『이육사 評傳』, 새문사

김학철 저, 『격정시대』, 실천문학사

김호웅, 김해양 편저, 『김학철 평전』, 실천문학사

김희곤 저, 『김시현』, 지식산업사

김희곤 저, 『이육사 평전』, 푸른역사

님 웨일즈 저, 조우화 역, 『아리랑』, 동녘

박현수 저, 『264작은문학관』, 도서출판 울력

박현수 저, 『원전주해 이육사 시전집』, 예옥

신채호 저, 박기봉 역, 『조선상고사』, 비봉출판사

안우식 저, 심원섭 역, 『김사량 평전』, 문학과지성사

안재성, 『연안행』, 삶창

앤터니 비버 저, 『스페인 내전』, 교양인

에드거 스노, 『중국의 붉은 별』, 두레

염인호 저, 『조선의용군의 독립운동』, 나남출판

이규창 저, 『運命의 餘燼』, 클레버

이동영 편저,『이육사』, 문학세계사

이정식, 한홍구 편,『항전별곡』, 거름

이정식 면담, 김학준 편집 해설, 김용호 수정 증보,『혁명가들의 항일 회상』, 민음사

이해영 저,『청년 김학철과 그의 시대』, 도서출판 역락

이회성 외 편, 윤혜동 외 역,『아리랑 그후』, 동녘

장준하 저,『돌베개』, 돌베개

정찬주 저,『조선에서 온 붉은 승려』, 김영사

한용운 저,『조선독립의 서』, 범우사

허은 구술, 변창애 저,『아직도 내 귀엔 서간도 바람소리가』, 정우사

중국 북부

김성동 저,『현대사 아리랑』, 녹색평론사

김은식 저,『정율성』, 이상media

김흥식 저,『안중근 재판정 참관기』, 서해문집

박영석 외 저,『獨立運動家 列傳』, 한국일보사

배재수裴在秀 저,『항일투사 리회영』, 中華國際出版社

사이토 다이켄 저, 이송은 역,『내 마음의 안중근』, 집사재

송우혜 저,『윤동주 평전』, 서정시학

안소영 저,『시인 동주』, 창비

원재훈 저,『안중근, 하얼빈의 11일』, 사계절

윤병석,『한국독립운동의 해외사적 탐방기』, 지식산업사

이덕일 저,『이회영과 젊은 그들』, 역사의아침

이은숙 저,『民族運動家 아내의 手記-西間島始終記』, 정음사

이종한 저,『정율성 평전』, 지식산업사

그들을 생각하면 눈물이 난다

이호룡 저,『신채호』, 역사공간

조정래 저,『신채호』, 문학동네

화원구이華文貴 저, 유병호 역,『안중근 연구』, 요녕민족출판사

황재문 저,『안중근 평전』, 한겨레출판

〈상하이–서울 항일 답사 지도〉
사용 설명서

"몰라 지나쳤으나 알면 결코 외면할 수 없는
이야기를 담은 지도를 만들고 싶었습니다."

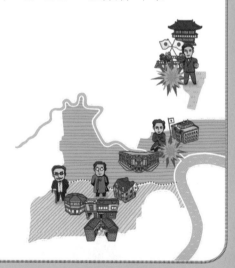

하나

상하이를 방문한 관광객 중 한국인만 찾는 장소가 있죠. 대한민국 임시정부 청사입니다. 그런데 임정 청사 주변에는 백범, 단재, 예관, 매헌 등과 관련된 유적지가 수두룩합니다. 커피 한 잔 테이크아웃 한 후 '새 하늘 새 땅'을 꿈꾸었던 선열들의 발자취를 찾아봅시다.

둘

푸둥浦東의 마천루摩天樓도 멋지지만 아르데코, 고딕의 와이탄 야경도 근사합니다. 그런데 여러분이 발 디딘 그곳이 약산 김원봉이 지도한 의열단의 황푸탄 의거 현장입니다. 상하이에서 여유가 있다면, 아니 시간을 내서라도 조금 멀리 가봅시다. 우리에겐 홍커우공원으로 익숙한, 지금은 루쉰공원으로 이름이 바뀐 곳에 걸린 한글 표지판도 꼭 보고 오세요~

셋

매년 해외 여행객 수가 전년 기록을 갱신한다지만 어쩐 일인지 여유가 생기질 않습니다. 그렇다면 내 주변의 잊힌, 그러나 결코 잊어선 안 되는 독립운동 유적지를 찾아 '그들을' 만나 봅시다.

- 이토 히로부미를 위해 지은 절터와 버젓이 남아 있는 그의 글씨를 통해 **안중근 의사를!**
- 해방된 조국에 데려다주었던 비행기와 친일파가 만든 그분의 동상을 통해 **백범 김구를!**
- 바위에 새겨진 글씨와 흉상 하나, 표지석 하나로만 남은 집터를 통해 **우당 이회영을!**
- 북한산의 초대 부통령 묘소와 서울 현충원 임정 요인 묘역을 통해 **임시정부 어른들을!**
- 인왕산 산책길과 연세대학교 핀슨홀 산책로를 통해 가장 행복했던 때의 **윤동주를!**

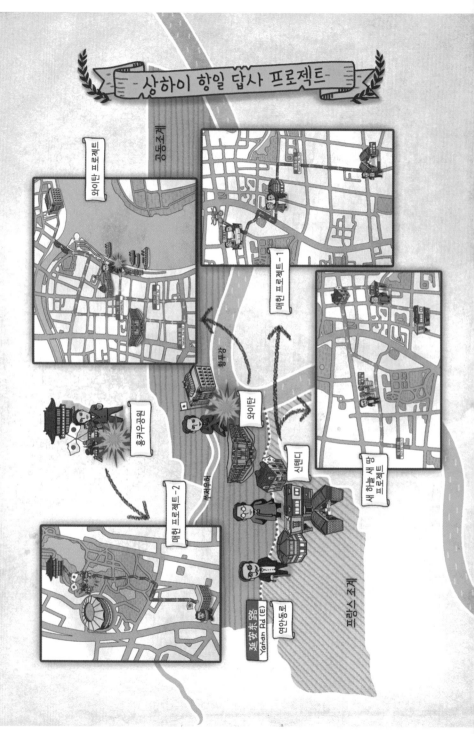

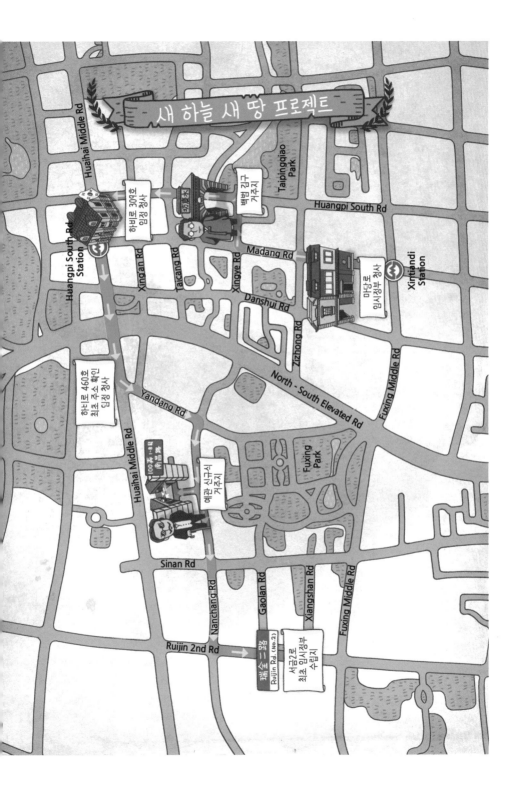

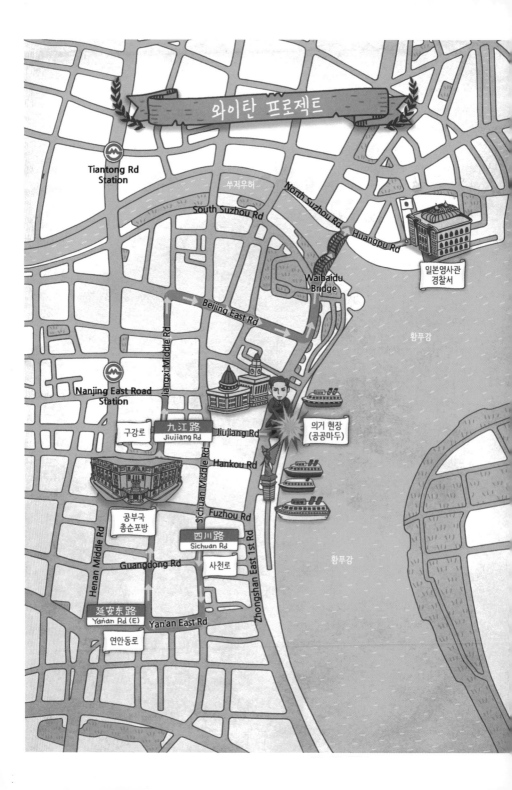

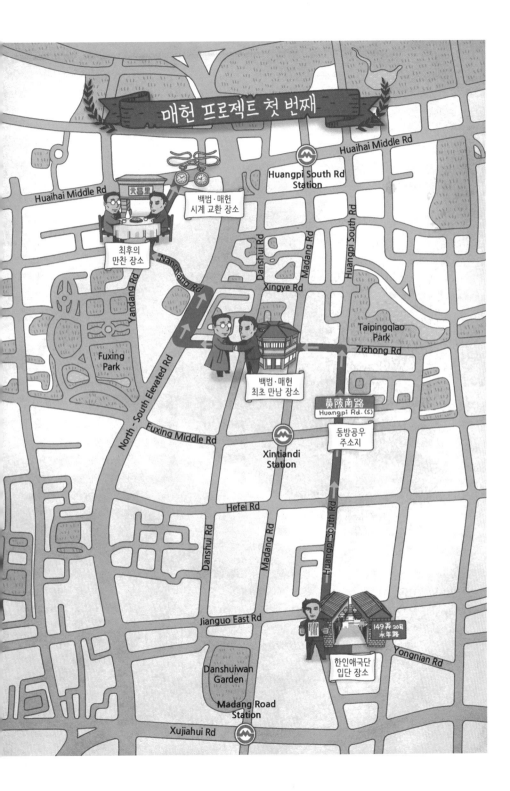

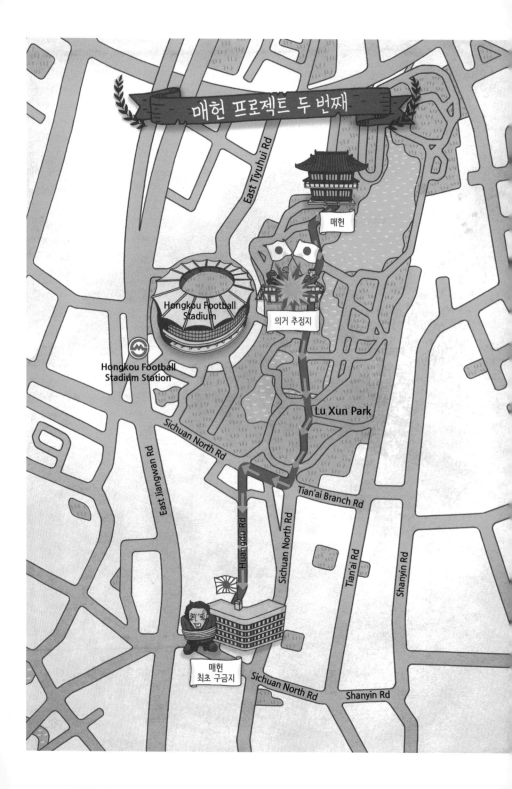

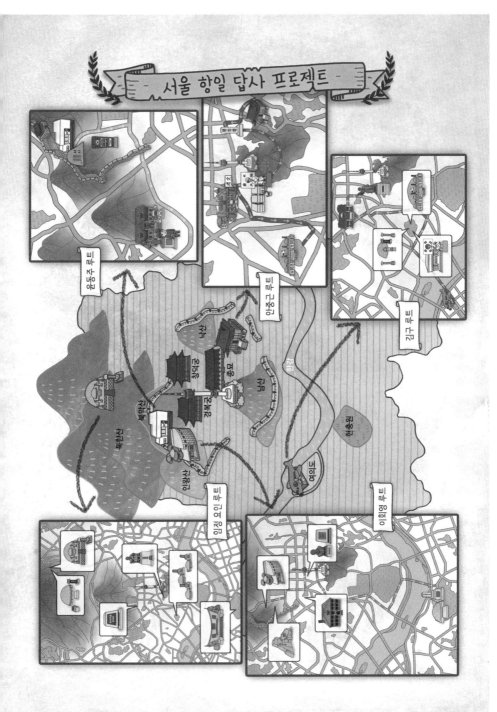

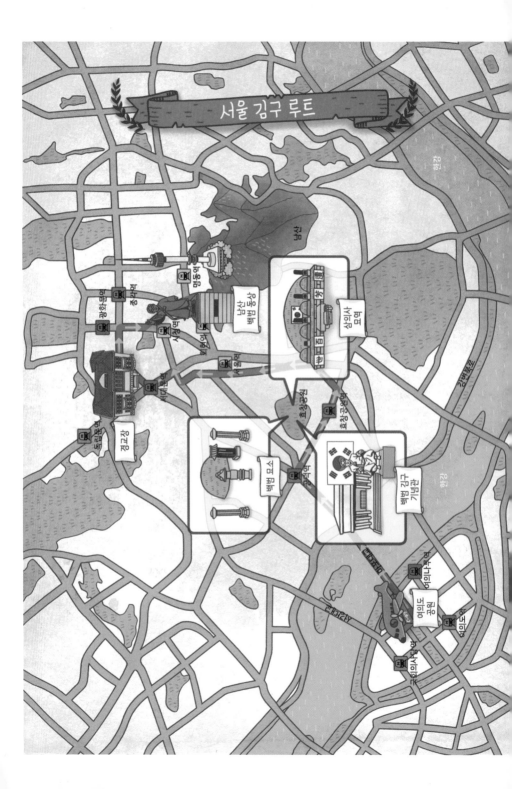

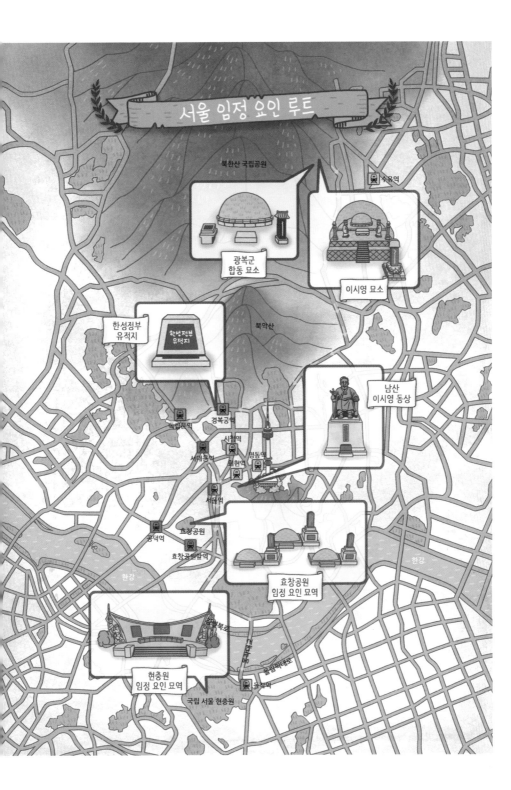

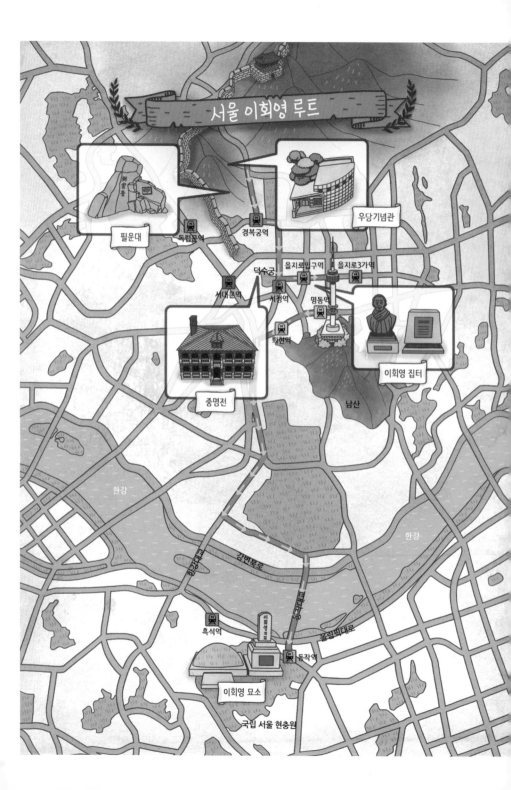

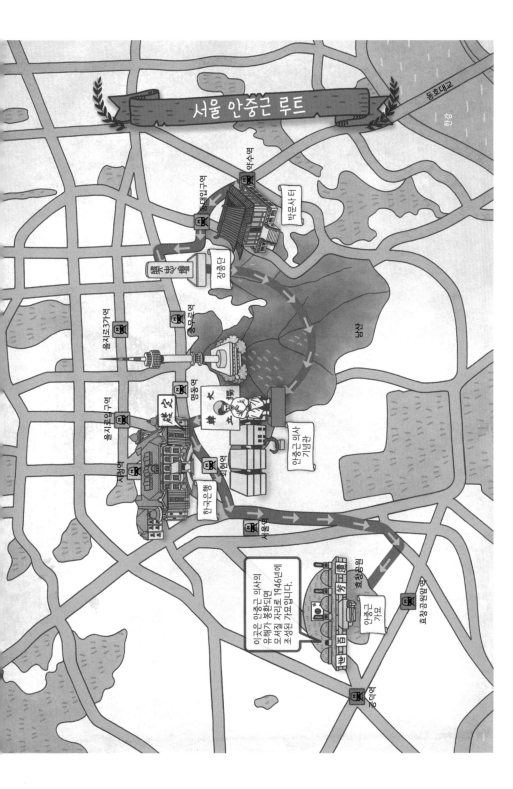

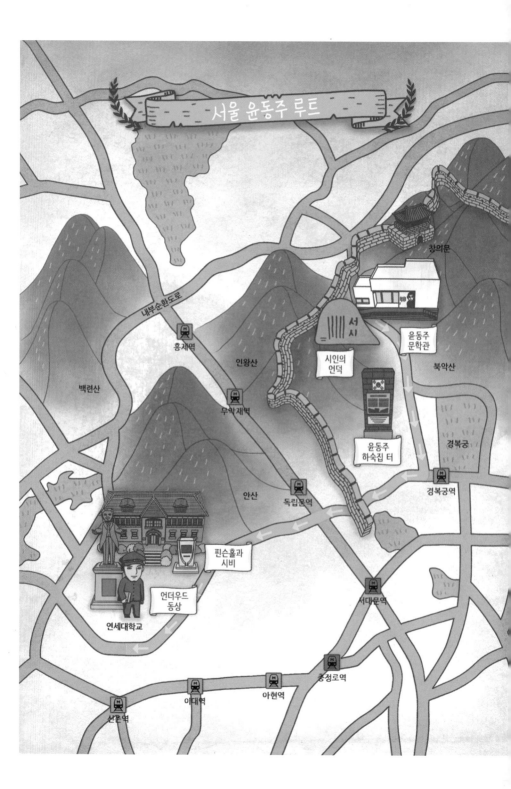